GTB
Gütersloher Taschenbücher
1318

Geborgen im Lauf der Zeit

Gebete für alle Tage

Ausgewählt von Christian Zippert

Gütersloher Verlagshaus

Originalausgabe

Diese Ausgabe enthält eine gekürzte Fassung
der 1992 im Gütersloher Verlagshaus erschienenen
gleichnamigen Hardcover-Ausgabe

Die Deutsche Bibliothek – CIP-Einheitsaufnahme

Geborgen im Lauf der Zeit: Gebete für alle Tage / ausgew. von
Christian Zippert. – Gütersloh: Gütersloher Verl.-Haus, 1997
(Gütersloher Taschenbücher; 1318)
ISBN 3-579-01318-1
NE: GT

ISBN 3-579-01318-1

Umschlaggestaltung: Dieter Rehder, Aachen, unter
Verwendung der »Formes Circulaires Soleil No. 2, 1912–13«
von Robert Delaunay, © L & M Services B. V., Amsterdam 961202.
Gesamtherstellung: Clausen & Bosse, Leck
Printed in Germany

Inhalt

Vorwort

»Einszweidrei, im Sauseschritt läuft die Zeit, wir laufen mit« sagt Wilhelm Busch mehrfach in einer seiner bissigen Bildergeschichten. Wir laufen mit, obwohl wir wissen, daß uns der Atem ausgeht, daß wir Pausen brauchen, um zur Besinnung und zu neuen Kräften zu kommen: Ruhepausen für Leib und Seele, zum Lesen und zum Hören, zum Nachdenken und Beten. Wie soll das zugehen? Wir müssen lernen, den Lauf der Zeit zu unterbrechen, immer wieder – für ein paar Wochen im Urlaub, für ein-zwei Tage am Wochenende, für wenigstens ein-zwei Stunden am Feierabend und für ein paar Minuten zu Beginn, in der Mitte oder am Ende des Tages. Nur so finden wir die nötige Ruhe und in der Ruhe vielleicht das Gefühl, das Bewußtsein, geborgen zu sein. »Von guten Mächten wunderbar geborgen«, schreibt Dietrich Bonhoeffer im Gefängnis, »erwarten wir getrost, was kommen mag. Gott ist bei uns am Abend und am Morgen und ganz gewiß an jedem neuen Tag«. Dieses Gebet begleitet mich und meine Frau, der dieses Buch gewidmet ist, schon viele Jahre lang.

Unter dem Titel »Geborgen im Lauf der Zeit« habe ich Gebete zusammengestellt, die mir selbst geholfen haben, zur Besinnung zu kommen – neue und alte, lange und kurze, poetisch und prosaisch gestaltete, von Männern und von Frauen verfaßte, ursprünglich jüdische und ursprünglich christliche, evangelische und katholisch geprägte und so fort. Bunt gemischt, weil wir verschieden sind und verschiedene Sprachen sprechen. Aber nicht ohne eine einigermaßen übersichtliche Ordnung: Kurze, leicht einprägsame, oft, vielleicht lebenslang wiederholbare Gebete »im Lauf des Tages«. Von Tag zu Tag das Thema wechselnde Gebete »im Lauf der Woche« – mehrere Reihen hintereinander zur Auswahl. Um die Feste zur Geltung zu bringen, Gebete »im Lauf des Jahres«. Wer lange sucht, wird hoffentlich finden, was er oder sie braucht – für sich selbst oder das gemeinsame Beten mit anderen.

Um mehr als um Anregungen zum Beten kann es freilich nicht gehen. Das eigene Beten können vorgedruckte und nachgesprochene Gebete nicht ersetzen. Luther sagt gelegentlich: »Aus einem Buch wirst du nie etwas Gutes beten. Du magst wohl daraus lesen und dich unterweisen, wie und was du bitten sollst, und dich daran entzünden; aber das Gebet muß frei aus dem Herzen gehen, ohne alle gemachten und vorgeschriebenen Worte, und du mußt selbst Worte machen, nach denen das Herz brennt.« Wenn das möglich werden soll, wird ein wenig Geduld nötig sein beim Nachlesen, Nachsprechen und Nachdenken. Deshalb sind die Gebete in Sinnzeilen gesetzt und die Seiten nicht überfüllt. Ich denke, zwischen den Zeilen ist manchmal mehr zu entdekken als auf den Zeilen, und wichtiger als die für das Lesen nötige Zeit ist die Zeit der Stille, die auf das Lesen, das einmalige oder auch mehrfache Lesen folgt.

Ich bin allen, deren Gebete mich im Lauf der Jahre zum Beten angeregt haben und immer wieder anregen, von Herzen dankbar. Ich nenne hier nach den namenlosen Betern der Psalmen Israels, den Verfassern der ursprünglich lateinischen »Kollektengebete« des Mittelalters und den Dichtern der Lieder des evangelischen Gesangbuchs nur meinen Marburger Lehrer Karl Bernhard Ritter, den katholischen Niederländer Huub Oosterhuis und die – erst vor kurzem entdeckte – Anglikanerin Janet Morley. Die übrigen Namen finden sich einigermaßen vollzählig im Quellennachweis am Schluß dieser Sammlung.

Ich schicke sie auf den Weg in der Hoffnung, daß sie viele Gebete enthält, an denen sich Herzen »entzünden« können.

Kassel, 1997 *Christian Zippert*

Im Lauf des Tages

Am Morgen

Ich liege und schlafe und erwache;
denn der Herr hält mich.

Herr, bei dir ist die Quelle des Lebens,
und in deinem Lichte sehen wir das Licht.

Vom Anfang der Sonne bis zu ihrem Niedergang
sei gelobet der Name des Herrn.

(Aus den Psalmen)

Gib, daß wir heute,
Herr, durch dein Geleite
auf unsern Wegen unverhindert gehen
und überall in deiner Gnade stehen.

(Paul Gerhardt)

Führe mich, o Herr, und leite
meinen Gang nach deinem Wort;
sei und bleibe du auch heute
mein Beschützer und mein Hort.
Nirgends als von dir allein
kann ich recht bewahret sein.

(Heinrich Albert)

Das walte Gott, Vater, Sohn
und Heiliger Geist. Amen.

Ich danke dir, mein himmlischer Vater,
durch Jesus Christus, deinen lieben Sohn,
daß du mich diese Nacht
vor allem Schaden und Gefahr behütet hast,
und bitte dich,
du wollest mich diesen Tag auch behüten
vor Sünden und allem Übel,
daß dir all mein Tun und Leben gefalle.
Denn ich befehle mich, meinen Leib und Seele und alles
in deine Hände.
Dein heiliger Engel sei mit mir,
daß der böse Feind keine Macht an mir finde.

(Martin Luther)

Herr, unser Gott,
wir danken dir für die Ruhe der Nacht
und das Licht dieses neuen Tages.
Laß uns bereit sein, dir zu dienen.
Laß uns wach sein für dein Gebot.
Sei mit uns in allen Stunden dieses Tages.

(Ev. Michaelsbruderschaft)

Herr, unser Gott,
dir übergeben wir uns aufs neue
mit allem, was wir sind und haben.
Heilige uns durch deinen Geist,
daß wir unsere Kräfte und Gaben und alles Gute
recht gebrauchen in deinem Dienst.

(Karl Bernhard Ritter)

Herr, ich bitte dich:
Gib mir neues Leben,
gib mir dein Leben,
gib mir deinen Geist,
daß ich dein Wort höre,
daß ich deinen Willen tue,
daß ich ein Kind des Lichtes werde,
daß ich wirke für deinen Tag,
für den Tag, der kommt.

(Karl Bernhard Ritter)

Gib mir, o Gott,
Verstand, der dich erkennt,
Eifer, der dich sucht,
Weisheit, die dich findet,
einen Wandel, der dir gefällt,
Beharrlichkeit, die dich glaubend erwartet,
Vertrauen, das dich am Ende umfängt.

(Thomas von Aquin)

Gott, zu dir rufe ich am frühen Morgen:
Hilf mir beten und meine Gedanken sammeln;
ich kann es nicht allein.
In mir ist es finster, aber bei dir ist Licht.
Ich bin einsam, aber du verläßt mich nicht.
Ich bin kleinmütig, aber bei dir ist die Hilfe.
Ich bin unruhig, aber bei dir ist Frieden.
In mir ist Bitterkeit, aber bei dir ist die Geduld.
Ich verstehe deine Wege nicht,
aber du weißt den rechten Weg für mich.

(Dietrich Bonhoeffer)

Was immer kommen mag:
Laß mich Mensch sein,
du menschenfreundlicher Gott.

Bei Sonne und Regen,
in Freude und Trauer:
Laß mich Mensch sein,
du menschenfreundlicher Gott.

In Auseinandersetzung und Streit,
in Leidenschaft und Zorn:
Laß mich Mensch sein,
du menschenfreundlicher Gott.

In Verachtung und Spott,
in Beleidigung und Hohn:
Laß mich Mensch sein,
du menschenfreundlicher Gott.

In Arbeit und Schweiß,
in Schmerz und Leiden:
Laß mich Mensch sein,
du menschenfreundlicher Gott.

In Überforderung und Lustlosigkeit,
in Mißerfolg und Scheitern:
Laß mich Mensch sein,
du menschenfreundlicher Gott.

In Anerkennung und Lob,
in Dank und Bewunderung:
Laß mich Mensch sein,
du menschenfreundlicher Gott.

In allem, was kommen mag:
Laß mich Mensch sein,
du menschenfreundlicher Gott.

(Anton Rotzetter)

Am Mittag

Weise mir, Herr, deinen Weg,
daß ich wandle in deiner Wahrheit.
Erhalte mein Herz bei dem einen,
daß ich deinen Namen fürchte.

Meine Seele ist stille
zu Gott, der mir hilft.
Denn er ist mein Fels, meine Hilfe, mein Schutz,
daß ich gewiß nicht fallen werde.

Herr, ich hoffe auf dich,
und spreche: Du bist mein Gott!
Meine Zeit steht in deinen Händen.

(Aus den Psalmen)

Sprich Ja zu meinen Taten,
hilf selbst das Beste raten;
den Anfang, Mitt und Ende,
ach Herr, zum Besten wende.

(Paul Gerhardt)

Herr, segne uns und behüte uns.
Herr, laß dein Angesicht leuchten über uns
und sei uns gnädig.
Herr, erhebe dein Angesicht über uns
und gib uns Frieden.

(Nach 4. Mose 6)

Herr, unser Gott,
laß uns vor dir stehen
mitten im Tagewerk.
Richte uns aus,
daß wir suchen das Eine,
daß wir tun, was not ist.
Laß uns wandeln vor deinen Augen.

(Ev. Michaelsbruderschaft)

Führe mich vom Tod ins Leben,
aus dem Trug in die Wahrheit.
Führe mich aus Verzweiflung in die Hoffnung,
aus Angst ins Vertrauen.
Führe mich vom Haß zur Liebe,
vom Krieg zum Frieden.
Laß Frieden unser Herz erfüllen,
unsere Erde und das All.

(Aus Indien)

Gib uns Frieden mit dir,
Frieden mit den Menschen,
Frieden mit uns selbst,
und befreie uns von Angst.

(Dag Hammarskjöld)

Verleih uns Frieden gnädiglich,
Herr Gott, zu unsern Zeiten,
es ist ja doch kein andrer nicht,
der für uns könnte streiten,
denn du unser Gott alleine.

(Mittelalterlich)

Der Tag ist seiner Höhe nah.
Nun blick zum Höchsten auf,
der schützend auf dich niedersah
in jedes Tages Lauf.

Wie laut dich auch der Tag umgibt,
jetzt halte lauschend still,
weil er, der dich beschenkt und liebt,
die Gabe segnen will.

Der Mittag kommt. So tritt zum Mahl;
denk an den Tisch des Herrn.
Er weiß die Beter überall
und kommt zu Gaste gern.

Die Hände, die zum Beten ruhn,
die macht er stark zur Tat.
Und was der Beter Hände tun,
geschieht nach seinem Rat.

Der Tag ist seiner Höhe nah.
Nun stärke Seel und Leib,
daß, was an Segen er ersah,
dir hier und dort verbleib.

(Jochen Klepper)

Tischgebete

Komm, Herr Jesus, sei unser Gast
und segne, was du uns bescheret hast.

Wir danken dir, Herr Jesu Christ,
daß du unser Gast gewesen bist.
Bleib du bei uns, so hat's nicht Not,
du bist das wahre Lebensbrot.

Aller Augen warten auf dich, Herr,
und du gibst ihnen ihre Speise zur rechten Zeit.
Du tust deine Hand auf
und sättigst alles, was lebt, nach deinem Wohlgefallen.

Herr segne uns und diese Gaben,
die wir von deiner Güte empfangen,
durch Christus, unseren Herrn.

Vater, segne diese Speise,
uns zur Kraft und dir zum Preise.

Zwei Dinge, Herr, sind not,
die gib nach deiner Huld:
Gib uns das täglich Brot,
vergib uns unsre Schuld.

Alle guten Gaben,
alles, was wir haben,
kommt, o Gott, von dir,
wir danken dir dafür.

Wir danken dir, allmächtiger Gott,
für all deine Güte und Wohltat,
der du lebst und regierst in Ewigkeit.

Wir danken dir, Herr, denn du bist freundlich
und deine Güte währet ewiglich.

Am Abend

Lobe den Herrn, meine Seele,
und was in mir ist, seinen heiligen Namen.
Lobe den Herrn, meine Seele,
und vergiß nicht, was er dir Gutes getan hat.

Gelobt sei der Herr täglich.
Gott legt uns eine Last auf, aber er hilft uns auch.

(Aus den Psalmen)

Der Tag nimmt ab, ach schönste Zier,
Herr Jesu Christ, bleib du bei mir,
es will nun Abend werden.
Laß doch dein Licht
auslöschen nicht
bei uns allhier auf Erden.

(Aus Königsberg)

Ein Tag, der sagt's dem andern,
mein Leben sei ein Wandern
zur großen Ewigkeit.
O Ewigkeit, so schöne,
mein Herz an dich gewöhne,
mein Heim ist nicht in dieser Zeit.

(Gerhard Tersteegen)

Von guten Mächten wunderbar geborgen,
erwarten wir getrost, was kommen mag.
Gott ist bei uns am Abend und am Morgen
und ganz gewiß an jedem neuen Tag.

(Dietrich Bonhoeffer)

Unser Abendgebet steige auf zu dir, Herr,
und es senke sich auf uns herab dein Erbarmen.
Dein ist der Tag und dein ist die Nacht.
Laß, wenn des Tages Schein vergeht,
das Licht deiner Wahrheit uns leuchten.
Geleite uns zur Ruhe der Nacht
und vollende dein Werk an uns in Ewigkeit.

(Ev. Michaelsbruderschaft)

Bleibe bei uns, Herr,
denn es will Abend werden
und der Tag hat sich geneigt.
Bleibe bei uns
und bei deiner ganzen Kirche.
Bleibe bei uns
am Abend des Tages,
am Abend des Lebens,
am Abend der Welt.
Bleibe bei uns
mit deiner Gnade und Güte,
mit deinem Wort und Sakrament,
mit deinem Trost und Segen.
Bleibe bei uns,
wenn über uns kommt
die Nacht der Trübsal und Angst,
die Nacht des Zweifels und der Anfechtung,
die Nacht des bitteren Todes.
Bleibe bei uns
und allen deinen Gläubigen
in Zeit und Ewigkeit.

(Georg Christian Dieffenbach)

Herr, ich will da sein vor dir,
die Augen meines Leibes schließen,
die Augen meiner Seele schließen
und still bleiben, unbeweglich,
mich dir aussetzen, der du dich mir ausgesetzt hast,
dir gegenwärtig sein, dem unendlich Gegenwärtigen.
Herr, ich bin bereit,
nichts zu sehen,
nichts zu hören,
leer von jedem Gedanken,
leer von jedem Bild.
Da bin ich,
im Schweigen des Glaubens,
vor dir; Herr.

Aber, Herr, ich bin nicht allein,
ich kann nicht mehr allein sein,
denn die Menschen bewohnen mich.
Ich bin ihnen begegnet,
sie sind in mich eingedrungen,
sie haben sich in mir eingerichtet,
sie haben mich in Besitz genommen.
Und ich habe sie gelassen, Herr,
damit sie sich ausruhen können.
Ich bringe sie mit zu dir, wenn ich mich dir übergebe,
ich setze sie dir aus, wenn ich mich dir aussetze.
Da bin ich,
da sind sie,
vor dir, Herr.

(Michel Quoist)

Für alles Gelungene,
für alles Schöne:
  Danke, guter Gott.

Für alle Worte,
für jede Begegnung:
  Danke, guter Gott.

Für meine Familie,
für meine Freunde:
  Danke, guter Gott.

Für alles, was diesen Tag abrundet:
  Danke, guter Gott.

Alles Unfertige,
alles Verkehrte:
  Nimm in deine Hände, guter Gott.

Alles Zerstörte,
alles Verwundete:
  Nimm in deine Hände, guter Gott.

Alle Sorge,
alle Traurigkeit:
  Nimm in deine Hände, guter Gott.

Alles, was falsch war an diesem Tag:
  Nimm in deine Hände, guter Gott.

Nimm alles zurück, guter Gott,
das Gute und das Böse.
Entbinde mich für ein paar Stunden
aller Verantwortung
und laß mich geborgen in dir schlafen,
guter Gott.

(Anton Rotzetter)

In der Nacht

Ich liege und schlafe ganz mit Frieden;
denn allein, du, Herr, hilfst mir,
daß ich sicher wohne.

In deine Hände befehle ich meinen Geist;
du hast mich erlöst, Herr, du treuer Gott.

Was betrübst du dich, meine Seele,
und bist so unruhig in mir?
Harre auf Gott, denn ich werde ihm noch danken,
daß er meines Angesichts Hilfe und mein Gott ist.

(Aus den Psalmen)

Auf, auf, gib deinem Schmerze
und Sorgen gute Nacht,
laß fahren, was das Herze
betrübt und traurig macht;
bist du doch nicht Regente,
der alles führen soll,
Gott sitzt im Regimente
und führet alles wohl.

(Paul Gerhardt)

In jeder Nacht, die mich umfängt,
darf ich in deine Arme fallen,
und du, der nichts als Liebe denkt,
wachst über mir, wachst über allen.
Du birgst mich in der Finsternis.
Dein Wort bleibt auch im Tod gewiß.

(Jochen Klepper)

Das walte Gott, Vater, Sohn
und Heiliger Geist. Amen.

Ich danke dir, mein himmlischer Vater,
durch Jesus Christus, deinen lieben Sohn,
daß du mich diesen Tag gnädiglich behütet hast,
und bitte dich,
du wollest mir vergeben alle meine Sünde,
wo ich unrecht getan habe,
und mich diese Nacht auch gnädiglich behüten.
Denn ich befehle mich,
meinen Leib und Seele und alles in deine Hände.
Dein heiliger Engel sei mit mir,
daß der böse Feind keine Macht an mir finde.

(Martin Luther)

Hilf uns, Herr, wenn wir wachen,
und behüte uns, wenn wir schlafen,
damit wir wachen mit Christus
und in Frieden ruhen.

(Mittelalterlich)

Wache du, lieber Herr, mit allen,
die in dieser Nacht wachen oder weinen,
und gib deinen Engeln die Obhut
über alle, die schlafen.
Hüte deine Kranken, Herr Christus,
laß deine Müden ruhen,
segne deine Sterbenden,
erbarme dich deiner Betrübten,
schütze deine Fröhlichen.
Und das alles um deiner Liebe willen.

(Augustinus)

Lieber himmlischer Vater,
höre mich, wenn ich zu dir rufe.
Du allein hast Leben,
du hast unvergängliches Leben,
du allein stillst mein Verlangen.
Dein ist das Licht des Tages,
dein ist das Dunkel der Nacht.
Leben und Trost sind in deiner Hand.
Dein bin auch ich und bete dich an.
Du erkennst mein Herz.
Du weißt mein Geheimnis.
Du hältst mich an deiner Hand
und führst mich zu deinem Ziel.

(Karl Bernhard Ritter)

In deine Hände lege ich
meine unruhigen Gedanken,
meine wirren Gefühle,
mein Leben.

In deinen Schoß lege ich
meinen müden Kopf,
die Früchte meines Tuns,
meine Sorgen.

Unter deinen Mantel lege ich
meinen schutzlosen Leib,
meine verwundete Seele,
meinen angefochtenen Geist.

In deine Hände lege ich
meine Freunde,
meine Feinde,
mein Leben.

(Anton Rotzetter)

Herr, du erforschst mich
und kennst mich.
Ich sitze oder stehe auf, so weißt du es;
du verstehst meine Gedanken von ferne.
Ich gehe oder liege, so bist du um mich
und siehst alle meine Wege...
Von allen Seiten umgibst du mich
und hältst deine Hand über mir.
Diese Erkenntnis ist mir zu wunderbar und zu hoch,
ich kann sie nicht begreifen.
Wohin soll ich gehen vor deinem Geist,
und wohin soll ich fliehen vor deinem Angesicht?
Führe ich gen Himmel, so bist du da;
bettete ich mich bei den Toten,
siehe, so bist du auch da.
Nähme ich Flügel der Morgenröte
und bliebe am äußersten Meer,
so würde auch dort deine Hand mich führen
und deine Rechte mich halten.
Spräche ich: Finsternis möge mich decken
und Nacht statt Licht um mich sein,
so wäre Finsternis nicht finster bei dir,
und die Nacht leuchtete wie der Tag.
Finsternis ist wie das Licht...
Deine Augen sahen mich,
als ich noch nicht bereitet war,
und alle Tage waren in dein Buch geschrieben,
die noch werden sollten
und von denen keiner da war.
Aber wie schwer sind für mich, Gott, deine Gedanken!
Wie ist ihre Summe so groß!
Wollte ich sie zählen, so wären sie mehr als der Sand:
Am Ende bin ich noch immer bei dir.

(Aus Psalm 139)

Im Lauf der Woche

Morgen- und Abendgebete

Sonntag morgen

Freie Zeit –
mein Gott, wie schön!
Ich kann mich entspannen,
Atem holen, zur Besinnung kommen.
Ich kann mich freuen
an Menschen, die mir lieb sind,
am Licht der Sonne,
an Blumen und Bäumen,
am Singen der Vögel,
wer weiß, woran noch?
Ich kann dein Wort hören
und deine Liebe feiern
mit allen, die an dich glauben.
Ich danke dir, Gott.
Ich bitte dich um deinen Segen
für diesen Tag,
den Tag deines Sohnes.
In seinem Licht will ich leben.

Vor dem Gottesdienst

Gott, du hast mich gerufen.
Hier bin ich.
Ich will schweigen und hören,
glauben und nachdenken.
Hilf mir.

Nach dem Gottesdienst

Ich danke dir, Gott,
für dein Wort,
für deine Nähe.
Ich bitte dich:
Gehe mit mir.
Bleibe bei mir.

Sonntag abend

Jesus, Sohn Gottes,
mein Bruder,
ich freue mich, daß du mir nahe bist
und zu mir sprichst.
Du bist die Wahrheit, die mich befreit,
das Brot, das meinen Hunger stillt,
der Wein, der mir Freude bringt.
Mein Weg bist du,
mein Licht und mein Leben.
In deiner Liebe
finde ich die Liebe des Vaters
und Kraft, die Menschen zu lieben,
wie ich geliebt bin.
Bei dir weiß ich mich aufgehoben.
Nichts soll mich trennen von dir.

Montag morgen

Mein Gott, es fällt mir nicht leicht,
von neuem an die Arbeit zu gehen.
Es hat mir gut getan,
zu ruhen, zu spielen und zu vergessen.
Nun soll es wieder ernst werden.
Vor mir türmen sich Aufgaben.
Ich werde unruhig und frage:
Wie soll ich durchkommen?
Ich bitte dich, Gott:
Gib mir Gelassenheit.
Hilf mir unterscheiden,
was wichtig, was unwichtig ist,
was eilt und was nicht eilt.
Laß mir Zeit zur Besinnung,
zum Gespräch mit dir und den Menschen,
auch im Gedränge des Alltags.
Bleibe bei mir.

Montag abend

Dir danke ich, mein Gott,
für alles, was mir gelungen ist,
für den Segen,
den du auf meine Arbeit gelegt hast.
Dich bitte ich um Vergebung
für alles, was dir an mir nicht gefällt,
für meine Schwächen
und mein Versagen.
Dir vertraue ich mich an
mit allen, die mein Leben teilen
und mit mir zusammenarbeiten.
Du wirst mir Ruhe schenken.

Dienstag morgen

Dir kann ich es sagen, mein Gott:
Ich habe Angst,
oft, immer wieder.
Fragen – ich weiß keine Antwort,
Probleme – ich sehe keinen Ausweg,
Menschen – ich verstehe sie nicht.
Ich fühle mich überfordert.
Du mußt mir helfen.
Ich bitte dich, Gott:
Nimm mir die Angst.
Gib mir ein ruhiges Herz
und klare Gedanken.
In deiner Kraft
will ich reden und handeln,
schweigen und leiden.
In deinem Frieden
laß mich geborgen sein
mitten im Kampf.

Dienstag abend

Mein Gott, ich bin bewahrt geblieben
in mancher Gefahr.
Du bist bei mir gewesen
und hast mich beschützt.
Vergib mir meine Angst,
meine Sorgen,
meinen Unglauben.
Du bist mein Halt,
der Boden, der mich trägt,
das Dach, unter dem ich wohne,
der Frieden, in dem ich einschlafe.
Ich danke dir, Gott.

Mittwoch morgen

Ich danke dir, Gott,
daß ich nicht allein bin
auf dem Weg durch den Tag.
Du hast mir Menschen gegeben,
die mich begleiten,
die mich verstehen,
die mich lieben.
Mein Gott, ich bitte dich
für meine Familie,
für meine Freunde:
Sei du mit ihnen.
Sei du mit uns.
Segne unser Gespräch,
unser gemeinsames Leben.
Hilf uns teilen, was du uns schenkst
und was du uns aufládst.
Gib uns Geduld
und Treue.

Mittwoch abend

Mein Gott, wenn ich bedenke,
was ich anderen verdanke,
vor allem meiner Familie
und meinen Freunden:
Wie viel bleibe ich ihnen schuldig!
Ich bitte dich: Vergib mir.
Ich will für sie da sein,
wie sie für mich da sind,
immer von neuem.
Du wirst mir helfen
durch deinen Geist,
den Geist der Liebe
und der Geduld.

Donnerstag morgen

Nicht ich allein, mein Gott,
bin auf dich angewiesen.
Ich komme zu dir als eine(r) von vielen,
die deine Hilfe brauchen.
Ich bitte dich für die Menschen,
die mir anvertraut sind,
für mich sorgen,
mit mir zusammenarbeiten.
Ich denke an die Menschen,
die besondere Verantwortung tragen
in unserer Gemeinde
und in der ganzen Christenheit,
für unser Land
und für die Gemeinschaft der Völker.
Gott, du bist unsere Hoffnung
auf Freiheit,
auf Gerechtigkeit und Frieden
bei uns und überall in der Welt.

Donnerstag abend

Mein Gott, ich mache mir Sorgen
um die Zukunft,
um meine Zukunft
und die Zukunft der Welt.
Ich bitte dich: Nimm mir die Sorgen,
damit ich heute ruhig schlafen
und morgen mutig tun kann,
was du von mir erwartest.
Du bist der Herr.
Du wirst das letzte Wort haben,
in meinem Leben
und in der Geschichte der Welt.
Darauf will ich mich verlassen.

Freitag morgen

Was auch geschieht,
du bist bei mir, mein Gott.
Ich weiß nicht,
was dieser Tag bringen wird,
aber ich fürchte mich nicht.
Mit Jesus, deinem Sohn,
will ich den Weg des Vertrauens gehen,
bis ans Ende.
Ich bitte dich, Gott:
Wenn ich in Bedrängnis gerate,
gib mir Geduld,
wenn Verzweiflung droht,
unbeirrbare Hoffnung.
Deinem Willen überlasse ich
den Lauf meines Lebens
und die Stunde meines Todes.

Freitag abend

Mein Gott, wie viel Leiden:
Krankheit, Tod, Trauer,
Einsamkeit, enttäuschte Liebe,
Hunger, Unterdrückung,
Krieg und Katastrophen...
Oft schaue ich weg,
weil ich es nicht ertrage.
Ich danke dir,
daß du mir Hoffnung gibst
durch den Tod und die Auferstehung
deines Sohnes.
Er ist das Licht in der Finsternis,
der Friede in allem Streit,
das Leben mitten im Sterben,
auch für mich.

Samstag morgen

Mein Gott, die Zeit rennt!
Wieder eine Woche vergangen . . .
Wie ist sie gewesen?
Was habe ich geschafft,
was ist liegen geblieben?
Wem habe ich geholfen
und wen enttäuscht?
Ich bitte dich, Gott:
Gib mir ein waches Gewissen.
Hilf mir die Wahrheit erkennen
und ihr standhalten.
Sei mir gnädig.
Vergib mir meine Schuld.
Laß mich Frieden finden,
Frieden mit den anderen
und mit mir selbst.
Segne mich.

Samstag abend

Ein Tag geht zu Ende.
Ich bin müde, mein Gott.
Ich freue mich auf die Ruhe,
die nun auf mich wartet.
Gib mir eine gute Nacht.
Auch wenn mein Leben zu Ende geht,
laß mich in Frieden einschlafen.
Du bist die Ruhe,
die auf mich wartet,
jetzt und in Ewigkeit.
Dir vertraue ich mich an.

Morgen- und Abendgebete mit Fürbitten

Sonntag morgen

Herr Jesus Christus,
du hast dem Tode die Macht genommen
und das Leben ans Licht gebracht.
Wir freuen uns in deiner Kraft und preisen dich,
Licht vom ewigen Licht,
Sonne dieser Welt und der Welt, die da kommt.
Herr, wir bitten dich:
Komm zu uns mit deiner Wahrheit, mit deiner Liebe,
daß wir uns durch Finsternis und Angst
nicht erschrecken lassen,
sondern in dir geborgen,
den Angriffen des Versuchers widerstehen;
dir allezeit folgen auf dem Wege
zur Freiheit der Kinder Gottes
und als Erben deiner Verheißungen
getrost und gehorsam leben.

Wir bitten dich, Herr,
für deine ganze Kirche auf Erden.
Verleihe allen, die in ihrem Dienst stehen, deine Gnade;
gib ihnen Mut und Weisheit,
dein heiliges Wort zu verkündigen.
Laß deine Gemeinde zunehmen
in der Erkenntnis deines Willens,
gewähre ihr Einigkeit und Frieden.
Bringe die Irrenden zurecht
und komm den Gescheiterten zu Hilfe
mit der Botschaft deines Heils.

Sonntag abend

Herr, wir danken dir für deinen Tag.
Wir bitten dich:
Mache alle Hörer deines Wortes zu Tätern,
laß Frucht tragen, was du heute gesät hast,
erhalte in wahrer Gemeinschaft,
die Gäste an deinem Tisch waren.
Laß den Glanz dieses Tages leuchten
über Arbeit und Mühe der Woche.
Führe den Tag der Freude herauf,
da wir dich loben und preisen in Ewigkeit.

Wir bitten dich, Herr, für alle,
die im Dienst deiner Gemeinde stehen:
Bewahre ihr Herz vor Bitterkeit und Trägheit.
Wir bitten dich für deine ganze Kirche:
Erhalte sie in deiner Wahrheit und in deinem Frieden.
Wehre dem Geist der Zwietracht und aller Verzagtheit.
Bewahre uns alle auf deinem Wege,
und geleite uns zu deinem ewigen Reich.

Montag morgen

Herr, unser Gott, du König des Lebens,
da aufs neue beginnt die Arbeit der Woche
mit ihren Mühen und Sorgen,
mit ihrer Versuchung,
hilf, daß wir dir dienen in allem, was wir beginnen.
Führe uns auf rechter Straße.
Laß uns sichere Schritte tun.
Lehre uns tun, was unserem Heil dient,
hilf uns lassen, was dir nicht gefällt.
Segne unser Werk;
gib uns Frucht, die bleibt.

Wir bitten dich, Herr, für alle,
die mit uns arbeiten
und sich mühen, deinen Willen zu tun:
Weise ihnen deinen Weg
und stärke sie durch deine Kraft.
Wir bitten dich für alle,
die leiden unter Mißerfolgen und Fehlschlägen:
Richte sie auf
und hilf ihnen, daß sie nicht müde werden,
sondern in getroster Zuversicht auf dich blicken.
Hole die Verirrten zurück,
und zeige uns allen den Weg, den wir gehen sollen.

Montag abend

Du, Herr, gibst alles, was wir brauchen,
wir leben in deiner Gnade.
Du rufst uns in deinen Dienst;
dir zu gehorchen, ist unsere Freude.
Gib uns allezeit die Freiheit,
dir ungehemmt zu dienen.
Laß uns haben, als hätten wir nicht.
Gib, daß alles, was du uns schenkst, uns helfe,
zu dem Werk, zu dem du uns berufen hast.
Segne uns,
laß uns alle Dinge zum Besten dienen.

Herr, wir bitten dich:
Gib, daß alle, die heute uneins geworden sind,
die Sonne nicht über ihrem Zorn untergehen lassen;
erbarme dich aller, die sich niederlegen,
ohne sich vor dir zu beugen;
erquicke die Müden
und stärke, die in dieser Nacht arbeiten müssen;
beschütze, die unterwegs sind,
wache bei den Kranken,
stehe den Betrübten bei,
gib Schlafenden und Schlaflosen deinen Frieden.

Dienstag morgen

Herr, du sendest uns in den Kampf.
Du kennst unsere Schwachheit,
du weißt, wie leicht wir verzagen
in den Versuchungen und Schrecken des Lebens.
Hilf, daß wir einander beistehen
mit Geduld und wacher Liebe.
Gib uns deinen Heiligen Geist,
daß wir standhaft kämpfen und siegen.
Sei du unsere Kraft,
mache fest unseren Sinn.
In deinem Frieden laß unser Herz still werden
und Klarheit finden.

Gedenke, Herr, der Angefochtenen,
Verwirrten und Irrenden,
hilf ihnen und bringe sie zurecht
durch deine große Güte.
Laß auch über denen, die dich nicht kennen,
das Licht deiner Wahrheit aufgehen,
daß sie umkehren und in dir Frieden finden.
Wir bitten dich für alle, die deiner Hilfe bedürfen
in Trübsal, Armut und Krankheit;
in Gefahren und Versuchungen;
in der Gefangenschaft der Sünde
und in der letzten Not:
Laß deine heiligen Engel mit ihnen sein,
und errette sie durch deine Barmherzigkeit.
Erbaue deine heilige Kirche aus allen,
die, in Anfechtung bewahrt und getröstet,
dir danken und deinen Namen preisen.

Herr, höre unser Gebet,
neige dich unserem Rufen.
Mächte der Finsternis und Gewalten der Bosheit,
Geister der Lüge bedrängen uns.
Von allen Seiten gehen sie wider uns an,
daß sie uns verschlingen.
Aber du, Herr, bist mächtig in der Höhe,
du bist unsere Burg,
ein starker Schutz wider unsere Feinde.
Laß unsere Seele frei hindurchgehen
und Trost haben in dir.

Wir bitten dich für alle, die im Kampf stehen,
die wider die Welt und ihr eigenes Wesen
streiten für deine Ehre und dein ewiges Reich;
für alle, die um deines Namens willen
angefochten sind und Verfolgung leiden:
Erhalte sie in der Gewißheit,
daß du den Sieg für uns errungen hast
und daß uns nichts aus deiner Hand reißen kann.
Bewahre deine ganze Christenheit,
daß sie der List des Satans nicht erliege.
Zeige uns allen deine Macht,
daß wir nicht verzagen,
sondern den Sieg behalten.

Mittwoch morgen

Wir danken dir, Gott,
daß deine Liebe uns eint.
Wir danken dir für die Menschen,
die du uns anvertraust.
Wir danken dir,
daß wir einander dienen können.
Heilige unsere Liebe,
heilige unseren Dienst.
Hilf, daß wir einander den Weg weisen,
daß wir Boten deiner Wahrheit werden;
hilf, daß wir einander befreien.
Laß unsere Liebe ein Zeugnis sein,
das deinen Namen verkündigt.

Du sendest uns zu einem jeden Menschen,
den du zu unserem Nächsten machst.
Gib uns füreinander den Blick der Liebe,
das rechte Wort, die helfende Tat.
Hilf uns, einander zu geben,
was wir nötig haben wie das tägliche Brot.
Wir bitten dich für unsere Kinder,
für alle, die uns verwandt und vertraut sind;
für die Nahen und die Fernen,
die unserem Herzen lieb und teuer sind.
Wir bitten dich für die Glieder unserer Gemeinde,
die Jungen und die Alten,
die Gesunden und die Kranken,
die Reichen und die Armen,
die Fröhlichen und die Traurigen:
Schenke ihnen allen dein Heil.

Mittwoch abend

Herr, wir danken dir in dieser Abendstunde,
daß du uns Kraft gegeben hast zu unserer Arbeit,
daß du uns trägst mit deinem Erbarmen.
Wir bitten dich:
Wandle in Segen, was uns ängstet und beschwert.
Wie die Früchte des Feldes gedeihen
unter Sonne, Wind und Wolken,
laß auch uns reifen für deine Ernte.
Wir bitten dich um den hellen Schein deines Angesichts
über die Menschen, die wir liebhaben,
über die Menschen, die uns zu tragen geben.
Dein sind wir im Licht und im Dunkel der Zeit.
Du segnest unseren Ausgang und Eingang in Ewigkeit.

Wir bitten dich für die Familien
und für die Alleinlebenden in unserer Gemeinde.
Verbinde uns in gegenseitiger Liebe und Achtung.
Erwecke dir treue Diener und Bekenner
in allen Lebensbereichen.
Wir bitten dich für unser Volk,
für seine Freiheit und seinen Frieden.
Gib den Regierenden Weisheit und Kraft,
daß sie ihr Amt führen
dir zum Wohlgefallen und uns zum Segen.
Erhalte den Frieden unter den Völkern,
bewahre uns und alle Welt
vor Krieg und Blutvergießen.
Überwinde, was uns trennt;
wehre allen, die Zwietracht säen.
Wecke in uns den Mut zur Wahrheit
und den Sinn für Gerechtigkeit;
stärke unsere Bereitschaft, einander zu dienen.

Donnerstag morgen

Himmlischer Herr und Vater,
du läßt es Tag werden aus der Nacht,
und führst die Sonne empor;
du erweckst uns am Morgen
und gibst unserer Seele neue Kraft.
Herr, unser Gott,
groß sind deine Wunder,
heilig sind deine Ordnungen,
tief sind deine Geheimnisse.
Wir leben von deiner Gnade.
Sende uns in die Welt
erleuchtet mit deiner Wahrheit,
getragen von deiner Barmherzigkeit,
gebunden in deinem Willen,
gestärkt durch deine Verheißung.

Segne alle Arbeit auf deinem Ackerfeld,
segne alle deine Boten,
segne den Samen deines Wortes
und laß ihn Frucht bringen.
Nimm auch unseren Dienst in Gnaden an
und segne das Werk dieses Tages für dein Reich.
Segne alle Arbeit der Liebe,
alle Werke der Barmherzigkeit.
Segne alle, die in dir verbunden sind;
segne deine Kirche
und laß sie zum Segen werden unter den Völkern.
Du baust dein Reich unter uns;
du baust dein Reich in aller Welt.
Herr, wir glauben, hilf unserem Unglauben.

Donnerstag abend

Herr, wir danken dir
für deine Wunder und Geheimnisse,
für die Offenbarung deines göttlichen Geistes.
Du bist den Deinen das Brot des Lebens,
du bist der lebendige Weinstock.
Herr, wir wissen:
Dein Licht siegt über alle Finsternis,
deine Wahrheit endet allen Wahn,
deine Liebe befreit von aller Furcht.
Wir bitten dich:
Vollende deine Offenbarung,
mache uns zu Erben deines Reiches.

Herr, wir warten auf dich:
Füge zu neuer Gemeinschaft,
was unter uns zerrissen ist;
heile, was krank ist;
belebe, was tot ist und unfruchtbar.
Füge uns zusammen zu dem Bau deiner Kirche;
mache sie zur Stätte des Friedens,
zum Haus der Gnade,
bei uns und in aller Welt.
Schaffe den Verlorenen Rettung,
den Gebundenen Freiheit,
den bedrängten Herzen Heilung und Frieden.
Gib uns für die Brüder und Schwestern
offene Augen und Hände, willig zum Helfen.
Stärke in uns den Geist der Kindschaft,
daß wir alles von dir erwarten,
und dir die Ehre geben.

Freitag morgen

Herr, du führst uns in Tiefen
und ersparst uns die Not nicht.
Du läßt uns den Weg des Leidens gehen.
Laß uns nicht ausschauen nach trügenden Zielen
noch uns halten an Hilfe, die nicht befreit.
Laß uns mit deinem Sohn
den Weg des Gehorsams gehen.
So wirst du uns helfen,
und deine Gnade wird unser Trost sein.

Wir bitten dich für alle,
die um deines Namens willen
Kreuz und Trübsal tragen,
für die Versuchten und Angefochtenen.
Wir bitten dich für alle,
die unter der Last ihres Lebens leiden;
für die Kranken und Sterbenden;
für die Einsamen, Verlassenen und Verzagten;
für die Bedrückten, Heimatlosen und Entrechteten.
Zeige ihnen allen das Heil in deinem Kreuz
und schenke ihnen deinen Frieden.

Ehre sei dir, Herr, und Lob und Dank,
denn durch dein heiliges Kreuz
hast du die Welt erlöst.
Lehre uns deinen Prüfungen stille halten,
lehre uns verstehen, was zu unserem Frieden dient.
Laß uns wachsen und reifen in deiner Erkenntnis,
laß uns hören, wenn du mit uns redest,
laß uns in allem Leid deine Hand festhalten.
Herr, hilf uns,
daß wir uns deinem Willen dankbar beugen,
daß wir dich auch in Trübsal und Not preisen.

Wir befehlen dir, Herr, deine Kirche,
die noch im Kampfe steht,
aber Frieden hat unter den Armen deines Kreuzes.
Wir bitten dich für die Brüder und Schwestern,
die um des Glaubens willen Verfolgung leiden;
laß das Blut der Märtyrer
zu einem Zeugnis deiner Wahrheit werden.
Erbarme dich über das Elend der Menschen
und das Leiden der Kreatur;
tröste und stärke,
die geplagt und geschlagen sind;
erquicke die Sterbenden
durch dein heiliges Kreuz.

Samstag morgen

Herr, unser Gott,
du hast uns voll Unruhe geschaffen,
du hast uns zu Fremdlingen gemacht in dieser Welt.
Laß uns unruhig sein
über unser geringes Werk
und die Größe deines Befehls,
über die verrinnende Zeit
und jede verlorene Stunde.
Laß uns unruhig sein,
daß wir unheilig sind und ungeschickt zum Gehorsam.
Laß uns unruhig sein,
und dein Gericht erwarten in jedem Augenblick.
Laß uns unruhig sein
und in der Unruhe Glauben halten.
Laß uns vorwärts schreiten
im Verlangen nach dem Anbruch deiner Herrschaft.
Wir danken dir, daß unser Werk endet
und dein Werk beginnt.

Wir bitten dich für die Entschlafenen:
Vollende dein Werk an ihnen in Ewigkeit.
Wir bitten dich für die Sterbenden:
Sei ihnen nahe und stärke sie
in der Kraft deiner Auferstehung.
Laß uns allezeit bereit sein,
unser Leben dir zurückzugeben;
und, wenn unser Ende kommt,
sende uns deine heiligen Engel,
daß sie uns im Frieden geleiten
zu deiner ewigen Herrlichkeit.

Samstag abend

Herr, du hast uns verliehen
unter deinem Schutz diese Woche zu vollenden.
Wir danken dir für alles,
was du hast geraten lassen in unserem Werk.
Wir bitten dich:
Wandle in Segen, was in unserer Hand verdorben ist.
Du kennst die dunklen Stunden,
die wir verbergen möchten,
und ist doch nichts verborgen vor dir.
Lehre uns stillhalten deinem Gericht.
Du bist unser Heiland und Erlöser.

Wir bitten dich in dieser Abendstunde
für alle deine Kinder:
Laß sie Ruhe finden bei dir
von allen ihren Werken.
Wir bitten dich für alle,
die den Reichtum deiner Güte erfahren haben:
Laß uns mit ihnen danken
und dir die Ehre geben.
Wir bitten dich für alle,
die deine Hand gedemütigt hat:
Richte sie auf mit dem Wort deiner Liebe.
Wir bitten dich
für alle Glieder unserer Gemeinde:
für die neugeborenen Kinder;
für alle,
die du mit Krankheit und Not heimgesucht hast;
für alle,
die durch die Hand des Todes getroffen wurden:
Geleite uns durch dieses Erdenleben
in dein ewiges Reich.

**Ich sagte zu dem Engel,
der an der Pforte
des neuen Jahres stand:
Gib mir ein Licht,
damit ich sicheren Fußes
der Ungewissheit
entgegengehen kann.**

**Aber er antwortete:
Geh nur hinein
in die Dunkelheit
und lege deine Hand
in die Hand Gottes.
Das ist besser als ein Licht
und sicherer
als ein bekannter Weg.**

Worte eines chinesischen Christen

SA 8.27 SU 16.22 MA 16.21 MU 8.32

Fest der Heiligen Familie

Felix I., Sabinus von Spoleto, Richard von Arnsberg, Germar

2001

DEZEMBER

52. Woche

30

SONNTAG

Vor allem aber liebt einander,
denn die Liebe ist das Band,
das alles zusammenhält
und vollkommen macht.

Kol 3,14

Wir bitten dich für alle,
die unserem Herzen teuer sind,
in der Nähe und in der Ferne:
Unter deinem Schutz und in deinem Frieden
halte uns verbunden mit ihnen.
Wir bitten dich für alle,
die unserem Herzen fremd und feind sind:
Nimm weg, was uns scheidet,
und schenke uns Eintracht und Frieden.
Wir bitten dich für alle, die verlassen sind:
Kehre ein bei denen, die deiner bedürfen.
Herr, wir warten auf deinen Tag;
laß uns sein Licht aufgehen
und erwecke uns zu neuem Leben.

(Karl Bernhard Ritter)

Sieben Schöpfungstage

Sonntag

Wir danken dir, Gott.
Du hast gesagt: Es werde Licht.
Und es ward Licht.
Dein Wort ist Fleisch geworden:
Jesus, der Menschensohn,
das Licht in der Finsternis.

Wir bitten dich: Gib uns deinen Geist,
daß wir dein Wort hören
und das Licht sehen.
Laß es Tag werden in uns
und in aller Welt.

Montag

Wir danken dir, Gott:
Du hast uns Raum zum Leben geschaffen,
dem Wasser Grenzen gesetzt,
uns festen Boden gegeben.
Dein Wort trägt uns.
Jesus, dein Sohn,
ist die Hand, die uns hält.

Wir bitten dich: Hilf uns,
wenn wir in Angst geraten,
in Schwermut versinken,
von Sorgen verschlungen werden.
Gib uns deine Kraft,
daß wir anderen helfen können,
wie uns geholfen wird.

Dienstag

Wir danken dir, Gott:
Du hast die Erde fruchtbar gemacht.
Was auf ihr wächst, erfreut das Auge
und stillt Hunger und Durst.
Jesus, dein Wort ist das Weizenkorn,
das in die Erde fällt
und viel Frucht bringt.

Wir bitten dich: Segne uns,
daß wir gutes Land werden,
von dem du ernten kannst,
was du gesät hast.
Hilf uns bewahren,
was du uns anvertraust,
und gerecht verwalten,
was du uns schenkst.

Mittwoch

Wir danken dir, Gott:
Du hast die Sonne geschaffen
und die unzähligen Sterne.
Nach deinem Willen bewegt sich das Weltall.
Jesus, der Herr, ist die Sonne,
um die alles sich dreht.

Wir bitten dich: Laß uns erkennen,
wie wir dir dienen können,
was heute unsere Aufgabe ist,
wann wir reden und handeln,
wann schweigen und ruhen sollen.
Schaffe Ordnung in aller Unordnung
und Ruhe in aller Unruhe.

Donnerstag

Wir danken dir, Gott:
Du hast unser Leben reich gemacht
durch die Vielfalt deiner Geschöpfe.
Dich ehrt der Spatz und der Adler,
das Lamm und der Löwe.
Dein Wort gilt allem, was lebt.
Dein Sohn ruft Kleine und Große,
Reiche und Arme,
Gerechte und Sünder.

Wir bitten dich
um Offenheit für alles, was uns begegnet,
um Geduld mit allem, was uns fremd ist,
um Freude an allem, was lebt.
Wecke Liebe in uns zu Menschen und Tieren.

Freitag

Wir danken dir, Gott:
Du hast Mann und Frau
füreinander geschaffen.
Du segnest ihre Gemeinschaft
und läßt neues Leben aus ihr erwachsen.
Dein Wort befreit uns
aus Eigensucht und Selbstherrlichkeit.
Du willst, daß wir einander dienen,
wie dein Sohn uns gedient hat.

Wir bitten dich: Hilf uns,
daß wir einander lieben und ehren,
Freude und Leid miteinander teilen
und einander treu bleiben bis ans Ende.
Segne Freundschaft und Liebe.
Segne Ehen und Familien.
Segne, die allein ihren Weg gehen.

Samstag

Wir danken dir, Gott:
Du hast uns zur Arbeit,
aber auch zum Feiern gerufen.
Wir dürfen ruhen, wie du geruht hast.
Dein Sohn erlöst uns vom Wahn,
alles machen zu können.
Dein Wort spricht uns frei
von Überforderung und Versagen.

Wir bitten dich: Gib uns Ruhe
vor unerfüllbaren Ansprüchen
und anklagenden Gedanken.
Dein Wort wollen wir hören,
dein Werk wollen wir schauen,
deine Gnade wollen wir feiern,
jetzt und in Ewigkeit.

In der Gemeinschaft der Heiligen

Sonntag

Ich lobe dich, Herr,
errettet durch deine Barmherzigkeit.
Ich lobe dich, Herr,
geehrt durch deine Erniedrigung.
Ich lobe dich, Herr,
geführt durch deine Milde.
Ich lobe dich, Herr,
regiert durch deine Weisheit.
Ich lobe dich, Herr,
beschirmt durch deine Gewalt.
Ich lobe dich, Herr,
geheiligt durch deine Gnade.
Ich lobe dich, Herr,
erleuchtet durch dein inneres Licht.
Ich lobe dich, Herr,
erhöht durch deine Güte.

(Mechthild von Madgeburg)

Montag

Lieber Vater,
in meinem Beruf gilt dein Wort und Befehl.
Darauf gehe ich hin und werfe mein Netz aus
und lasse dich sorgen, daß es geraten werde.
Ich bitte nur:
Gib deinen Segen und das Gedeihen dazu.

(Martin Luther)

Dienstag

Gib mir, o Herr,
ein wachsames Herz,
das kein leichtfertiger Gedanke von dir ablenkt;
ein edles Herz,
das keine unwürdige Leidenschaft erniedrigt;
ein gerades und aufrichtiges Herz,
das kein gemeines Streben auf Abwege führen kann;
ein starkes Herz,
das keine Bedrängnis bange macht;
ein freies Herz,
das sich von keiner bösen Macht beherrschen läßt.

(Thomas von Aquin)

Mittwoch

O Gott, durch die Gnade des Heiligen Geistes
hast du den Herzen derer, die an dich glauben,
die Gabe der Liebe eingegossen.
Verleihe uns, daß wir dich mit ganzer Kraft lieben
und den Brüdern und Schwestern dienen,
wie es dir gefällt.

(Alkuin)

Donnerstag

Wir bitten dich um Frieden, Herr:
Um den Frieden der ganzen Welt,
um die Ausbreitung des Evangeliums
in allen Völkern,
um die Dauer der heiligen Kirche
und um Einigkeit unter allen Menschen.

(Johannes Chrysostomos)

Freitag

Wir beten dich an, Herr Jesus Christus,
hier und in allen deinen Kirchen
auf der ganzen Welt;
denn durch dein heiliges Kreuz hast du die Welt erlöst.

(Franziskus von Assisi)

Samstag

Gott, du hast uns zu dir hin geschaffen,
und unruhig ist unser Herz,
bis es Ruhe findet in dir.

(Augustinus)

Aus dem Gesangbuch

Sonntag

Dein Wort, o Herr, laß alleweg sein
die Leuchte unsern Füßen;
erhalt es bei uns klar und rein;
hilf, daß wir draus genießen
Kraft, Rat und Trost in aller Not,
daß wir im Leben und im Tod
beständig darauf trauen.

(David Denicke)

Montag

Sprich Ja zu meinen Taten,
hilf selbst das Beste raten;
den Anfang, Mitt' und Ende,
ach Herr, zum Besten wende.

(Paul Gerhardt)

Dienstag

Ach bleib mit deiner Treue,
bei uns, mein Herr und Gott;
Beständigkeit verleihe,
hilf uns aus aller Not.

(Josua Stegmann)

Mittwoch

Liebe, die du mich zum Bilde
deiner Gottheit hast gemacht,
Liebe, die du mich so milde
nach dem Fall hast wiederbracht;
Liebe, dir ergeb ich mich,
dein zu bleiben ewiglich.

(Johann Scheffler)

Donnerstag

Sonne der Gerechtigkeit,
gehe auf zu unsrer Zeit;
brich in deiner Kirche an,
daß die Welt es sehen kann.
Erbarm dich, Herr!

(Christian David)

Freitag

Ehre sei dir, Christe,
der du littest Not,
an dem Stamm des Kreuzes
für uns bittern Tod,
herrschest mit dem Vater
in der Ewigkeit,
hilf uns armen Sündern
zu der Seligkeit.

(Mittelalterlich)

Samstag

Der du allein der Ewge heißt
und Anfang, Ziel und Mitte weißt
im Fluge unsrer Zeiten:
Bleib du uns gnädig zugewandt
und führe uns an deiner Hand,
damit wir sicher schreiten.

(Jochen Klepper)

Aus den Psalmen

Sonntag

Lobe den Herrn, meine Seele,
und was in mir ist, seinen heiligen Namen!
Lobe den Herrn, meine Seele,
  und vergiß nicht, was er dir Gutes getan hat:
der dir alle deine Sünde vergibt
  und heilet alle deine Gebrechen,
der dein Leben vom Verderben erlöst,
  der dich krönt mit Gnade und Barmherzigkeit...
Er handelt nicht mit uns nach unseren Sünden
  und vergilt uns nicht nach unserer Missetat.
Denn so hoch der Himmel über der Erde ist,
  läßt er seine Gnade walten über denen,
  die ihn fürchten.
So fern der Morgen ist vom Abend,
  läßt er unsere Übertretungen von uns sein.
Wie sich ein Vater über Kinder erbarmt,
  so erbarmt sich der Herr über die, die ihn fürchten.
Denn er weiß, was für ein Gebilde wir sind;
  er gedenkt daran, daß wir Staub sind.
Ein Mensch ist in seinem Leben wie Gras,
  er blüht wie eine Blume auf dem Felde;
wenn der Wind darüber geht, so ist sie nimmer da,
  und ihre Stätte kennt sie nicht mehr.
Die Gnade aber des Herrn währt von Ewigkeit zu Ewigkeit
  über denen, die ihn fürchten,
und seine Gerechtigkeit auf Kindeskind
  bei denen, die seinen Bund halten
und gedenken an seine Gebote,
  daß sie danach tun...
Lobe den Herrn, meine Seele!

(Aus Psalm 103)

Montag

Herr, unser Herrscher,
wie herrlich ist dein Name in allen Landen . . . !
Wenn ich sehe die Himmel, deiner Finger Werk,
den Mond und die Sterne, die du bereitet hast:
Was ist der Mensch, daß du seiner gedenkst,
und des Menschen Kind, daß du dich seiner annimmst?
Du hast ihn wenig niedriger gemacht als Gott,
mit Ehre und Herrlichkeit hast du ihn gekrönt.
Du hast ihn zum Herrn gemacht
über deiner Hände Werk,
alles hast du unter seine Füße getan . . .
Herr, unser Herrscher,
wie herrlich ist dein Name in allen Landen!

(Aus Psalm 8)

Dienstag

Wie der Hirsch lechzt nach frischem Wasser,
so schreit meine Seele, Gott, zu dir.
Meine Seele dürstet nach Gott,
nach dem lebendigen Gott.
Wann werde ich dahin kommen,
daß ich Gottes Angesicht schaue?
Meine Tränen sind meine Speise Tag und Nacht,
weil man täglich zu mir sagt:
Wo ist nun dein Gott? . . .
Was betrübst du dich, meine Seele,
und bist so unruhig in mir?
Harre auf Gott; denn ich werde ihm noch danken,
daß er meines Angesichts Hilfe und mein Gott ist.

(Aus Psalm 42)

Mittwoch

Herr, deine Güte reicht, so weit der Himmel ist,
und deine Wahrheit, so weit die Wolken gehen.
Deine Gerechtigkeit steht wie die Berge Gottes
und dein Recht wie die große Tiefe.
Herr, du hilfst Menschen und Tieren.
Wie köstlich ist deine Güte, Gott,
daß Menschenkinder unter dem Schatten deiner Flügel
Zuflucht haben!
Sie werden satt von den reichen Gütern deines Hauses,
und du tränkst sie mit Wonne wie mit einem Strom.
Denn bei dir ist die Quelle des Lebens,
und in deinem Lichte sehen wir das Licht.

(Aus Psalm 36)

Donnerstag

Der Herr schaut vom Himmel
und sieht alle Menschenkinder.
Von seinem festen Thron sieht er auf alle,
die auf Erden wohnen.
Er lenkt ihnen allen das Herz,
er gibt acht auf alle ihre Werke...
Siehe, des Herrn Auge achtet auf alle,
die ihn fürchten,
die auf seine Güte hoffen,
daß er sie errette vom Tode
und sie am Leben erhalte in Hungersnot.
Unsere Seele harrt auf den Herrn;
er ist uns Hilfe und Schild.
Denn unser Herz freut sich seiner,
und wir trauen auf seinen heiligen Namen.
Deine Güte, Herr, sei über uns,
wie wir auf dich hoffen.

(Aus Psalm 33)

Freitag

Aus der Tiefe rufe ich, Herr, zu dir.
Herr, höre meine Stimme!
Laß deine Ohren merken
auf die Stimme meines Flehens!
Wenn du, Herr, Sünden anrechnen willst –
Herr, wer wird bestehen?
Denn bei dir ist die Vergebung,
daß man dich fürchte.
Ich harre des Herrn, meine Seele harret,
und ich hoffe auf sein Wort.
Meine Seele wartet auf den Herrn
mehr als die Wächter auf den Morgen;
mehr als die Wächter auf den Morgen
hoffe Israel auf den Herrn!
Denn bei dem Herrn ist die Gnade
und viel Erlösung bei ihm.
Und er wird Israel erlösen
aus allen seinen Sünden.

(Psalm 130)

Samstag

Herr, lehre mich doch,
daß es ein Ende mit mir haben muß
und mein Leben ein Ziel hat und ich davon muß.
Siehe, meine Tage sind eine Handbreit bei dir,
und mein Leben ist wie nichts vor dir.
Wie gar nichts sind alle Menschen,
die doch so sicher leben!
Sie gehen daher wie ein Schatten
und machen sich viel vergebliche Unruhe;
sie sammeln und wissen nicht,
wer es einbringen wird.
Nun, Herr, wessen soll ich mich trösten?
Ich hoffe auf dich.

(Aus Psalm 39)

Herr, du bist unsere Zuflucht
von Geschlecht zu Geschlecht.
Ehe denn die Berge wurden
und die Erde und die Welt geschaffen wurden,
bist du, Gott, von Ewigkeit zu Ewigkeit.
Der du die Menschen lässest sterben
und sprichst: Kommt wieder, Menschenkinder!
Denn tausend Jahre sind vor dir
wie der Tag, der gestern vergangen ist,
und wie eine Nachtwache.
Du lässest sie dahinfahren wie einen Strom,
sie sind wie ein Schlaf,
wie ein Gras, das am Morgen noch sproßt,
das am Morgen blüht und sproßt
und des Abends welkt und verdorrt.
Das macht dein Zorn, daß wir so vergehen,
und dein Grimm, daß wir so plötzlich dahin müssen.
Denn unsre Missetaten stellst du vor dich,
unsere unerkannte Sünde
ins Licht vor deinem Angesicht.
Darum fahren alle unsre Tage dahin durch deinen Zorn,
wir bringen unsere Jahre zu wie ein Geschwätz.
Unser Leben währt siebzig Jahre,
und wenn's hoch kommt, so sind's achtzig Jahre,
und was daran köstlich scheint,
ist doch nur vergebliche Mühe;
denn es fährt schnell dahin,
als flögen wir davon.
Wer glaubt's aber, daß du so sehr zürnest,
und wer fürchtet sich vor dir in deinem Grimm?
Lehre uns bedenken, daß wir sterben müssen,
auf daß wir klug werden.

(Aus Psalm 90)

Im Lauf des Jahres

Advent

Advent, bald feiern wir Weihnachten.
Gott ist nicht fern, er ist nah –
das können wir glauben,
seit Jesus geboren ist.
Wir bitten: Komm, Gott,
komm zu uns und zu allen,
die auf dich warten,
komm und hilf uns
durch deinen Sohn Jesus.

Ganz nah ist dein Wort, Herr, unser Gott,
ganz nah deine Gnade.
Begegne uns denn mit Macht und Erbarmen.
Laß nicht zu, daß wir taub sind für dich,
sondern offen mach uns und empfänglich
für Jesus Christus, deinen Sohn,
der kommen wird, damit er uns suche und rette,
heute und täglich, bis in Ewigkeit.

(Huub Oosterhuis)

Meine Seele erhebt den Herren,
und mein Geist freut sich Gottes,
meines Heilandes;
denn er hat die Niedrigkeit seiner Magd angesehen.
Siehe, von nun an werden mich selig preisen
alle Kindeskinder.
Denn er hat große Dinge an mir getan,
der da mächtig ist und dessen Name heilig ist.
Und seine Barmherzigkeit währt
von Geschlecht zu Geschlecht
bei denen, die ihn fürchten.
Er übt Gewalt mit seinem Arm
und zerstreut, die hoffärtig sind
in ihres Herzens Sinn.
Er stößt die Gewaltigen vom Thron
und erhebt die Niedrigen.
Die Hungrigen füllt er mit Gütern
und läßt die Reichen leer ausgehen.
Er gedenkt der Barmherzigkeit
und hilft seinem Diener Israel auf,
wie er geredet hat zu unseren Vätern,
Abraham und seinen Kindern in Ewigkeit.

(Aus Lukas 1)

In dieser Zeit bitten wir dich, Herr:
Laß es Weihnachten werden in uns,
daß wir dein Lob singen können wie Maria.

Laß es Weihnachten werden für die Kranken,
die aus ihrer Krankheit keinen Ausweg mehr sehen.
Laß uns erkennen, daß du in die Welt gekommen bist,
um uns den Weg zu zeigen durch den Tod ins Leben.

Laß es Weihnachten werden für die Unterdrückten,
denen so viele Möglichkeiten genommen sind.
Laß uns erkennen, daß du Mensch geworden bist,
damit wir lernen, menschlich zu handeln.

Laß es Weihnachten werden für die Hungernden,
die Armen und die Arbeitslosen,
die so sehr an ihren Bedürfnissen leiden.
Laß uns erkennen, daß du unser Leben geteilt hast,
damit wir lernen zu teilen,
was wir zum Leben brauchen.

Laß es Weihnachten werden für die Streitenden,
die so leicht dem Haß und der Gewalt verfallen.
Laß uns erkennen, daß mit deinem Kommen
der Frieden begonnen hat,
der allen Menschen zuteil werden soll.

Laß es Weihnachten werden für die ganze Welt,
für unsere Nächsten und für uns selbst,
durch Jesus Christus, deinen Sohn, unseren Bruder.

(Klaus Bannach / Gerhard Raff)

Die Nacht ist vorgedrungen,
der Tag ist nicht mehr fern.
So sei nun Lob gesungen
dem hellen Morgenstern.
Auch wer zur Nacht geweinet,
der stimme froh mit ein.
Der Morgenstern bescheinet
auch deine Angst und Pein.

(Jochen Klepper)

Wo bleibst du, Trost der ganzen Welt,
darauf sie all ihr Hoffnung stellt?
O komm, ach komm vom Himmelssaal
und tröst uns hier im Jammertal.

(Friedrich von Spee)

Komm, o mein Heiland Jesu Christ,
meins Herzens Tür dir offen ist.
Ach zieh mit deiner Gnade ein,
dein Freundlichkeit auch uns erschein.
Dein Heilger Geist uns führ und leit
den Weg zur ewgen Seligkeit.
Dem Namen dein, o Herr,
sei ewig Preis und Ehr.

(Georg Weissel)

Weihnachten

Wir feiern Weihnachten,
das Fest der Geburt Jesu, der gesagt hat:
Ich bin das Licht der Welt.
Wir brauchen Zeit, viel Zeit,
um zu ermessen, was das bedeutet:
Das Licht scheint in der Finsternis.
Wir bitten: Gott, gib uns Zeit,
gib uns Ruhe.
Hilf uns hören,
hilf uns feiern.
Laß es hell werden
in unserem Herzen,
in unserer Welt –
durch deinen Sohn Jesus Christus.

Allmächtiger Gott,
dein ewiges Wort ist Fleisch geworden,
um uns mit dem Glanz seines Lichtes zu erfüllen.
Gib, daß in unseren Werken widerstrahlt,
was durch den Glauben in unseren Herzen leuchtet.
Darum bitten wir durch Christus, unseren Herrn.

(Mittelalterlich)

Allmächtiger Gott, du kommst mit deiner Liebe
in die Enge unserer Verhältnisse.
Laß unser Herz weit werden, deine Güte zu fassen,
und mach uns froh über die Geburt deines Sohnes,
damit wir mit allen Geschöpfen dich loben.

(Eberhard Leppin)

Im Anfang war das Wort, und das Wort war bei Gott,
und Gott war das Wort.
Dasselbe war im Anfang bei Gott.
Alle Dinge sind durch dasselbe gemacht,
und ohne dasselbe ist nichts gemacht,
was gemacht ist.
In ihm war das Leben,
und das Leben war das Licht der Menschen.
Und das Licht scheint in der Finsternis,
und die Finsternis hat's nicht ergriffen . . .
Er war in der Welt,
und die Welt ist durch ihn gemacht;
aber die Welt erkannte ihn nicht.
Er kam in sein Eigentum;
und die Seinen nahmen ihn nicht auf.
Wie viele ihn aber aufnahmen,
denen gab er Macht, Gottes Kinder zu werden . . .
Und das Wort ward Fleisch und wohnte unter uns,
und wir sahen seine Herrlichkeit,
eine Herrlichkeit
als des eingeborenen Sohnes vom Vater,
voller Gnade und Wahrheit . . .,
und von seiner Fülle haben wir alle genommen
Gnade um Gnade.

(Aus Johannes 1)

Jesus, Gottes Sohn,
du bist Mensch geworden,
damit wir im Glauben an dich Gottes Kinder werden,
Menschen, wie er uns gewollt hat.
Wir bitten dich: Sei unser Weg,
hilf uns die Wahrheit erkennen
und schenke uns das Leben.

Wir bitten dich für unsere Kinder,
für die jungen Menschen unter uns:
Gib ihnen offene Augen und wache Herzen,
daß sie in deinem Licht ihren Weg finden
und ihn mit deiner Hilfe mutig gehen.

Wir bitten dich für die Menschen,
die unter der Last ihres Lebens leiden
und dabei einsam werden:
Sei du ihnen die Tür zu ihren Nächsten
und hilf ihnen zu gemeinsamer Freude.

Wir bitten dich für alle, denen fehlt,
was sie zum Leben brauchen:
Wecke in uns den Dank für alles,
was uns gegeben ist,
und mache uns willig,
das Brot zu teilen mit den Hungernden.

Wir bitten dich für die Christen in aller Welt:
Sieh an den Mangel an Glauben, an Liebe, an Hoffnung.
Du bist der Weinstock,
von dem alle Reben Saft und Kraft empfangen.
Ohne dich können wir nichts tun.

Wir bitten dich für die Männer und Frauen,
die besondere Verantwortung tragen
in der Kirche und in der Gesellschaft:
Erweise dich an ihnen und durch sie
als der gute Hirte.

Wir bitten dich für alle,
die trauern über einen Toten
und Angst haben vor dem Tod:
Sei ihnen nahe.
Laß sie erfahren,
daß du die Auferstehung und das Leben bist.

Wir bitten dich: Bleibe bei uns, wohne unter uns,
laß uns deine Herrlichkeit schauen,
die Herrlichkeit des Sohnes vom Vater,
voller Gnade und Wahrheit.
Aus seiner Fülle gib uns Gnade um Gnade.

(Walter Lotz)

Liebendes Wort Gottes,
du hast uns die Fülle deiner Herrlichkeit gezeigt,
indem du Mensch geworden bist.
Erfülle uns in unserer Leiblichkeit
mit deiner Gnade und Wahrheit,
damit unsere Freude grenzenlos sei
und wir unsere Ganzheit erlangen
in deinem Namen.

(Janet Morley)

Es ist ein Ros entsprungen
aus einer Wurzel zart,
wie uns die Alten sungen,
von Jesse kam die Art
und hat ein Blümlein bracht
mitten im kalten Winter
wohl zu der halben Nacht.

Das Röslein, das ich meine,
davon Jesaja sagt,
hat uns gebracht alleine
Marie, die reine Magd;
aus Gottes ewgem Rat
hat sie ein Kind geboren,
welches uns selig macht.

(Mittelalterlich)

Ich steh an deiner Krippen hier,
o Jesu, du mein Leben;
ich komme, bring und schenke dir,
was du mir hast gegeben.
Nimm hin, es ist mein Geist und Sinn,
Herz, Seel und Mut, nimm alles hin
und laß dir's wohl gefallen.

Ich sehe dich mit Freuden an
und kann mich nicht satt sehen
und weil ich nun nichts weiter kann,
bleib ich anbetend stehen.
O daß mein Sinn ein Abgrund wär
und meine Seel ein weites Meer,
daß ich dich möchte fassen.

(Paul Gerhardt)

Jahreswende

Ein Jahr geht zu Ende.
Wir schauen zurück –
dankbar, auch schuldbewußt.
Wir schauen voraus –
in Hoffnung, aber nicht ohne Sorge.
Wir suchen das Wort,
das uns entlastet und Mut macht,
das Wort Gottes.
Wir bitten: Gott, sprich zu uns.
Vergib uns die Schuld,
gib uns Zuversicht
durch deinen Sohn Jesus.

Wir danken dir,
weil wir leben heute und morgen,
wie wir gestern und alle Tage gelebt haben
aus deiner Gnade, Gott,
von dieser Erde,
von Brot und Licht,
von den Menschen um uns;
wir danken dir, weil wir leben
hier und jetzt,
mühsam und voller Freude.
Und wir bitten dich,
daß keine Zukunft, kein Tod uns trenne
von Jesus Christus,
der deine Liebe ist für alle Menschen
und die ganze Erde.

(Huub Oosterhuis)

Wir gehn dahin und wandern
von einem Jahr zum andern,
wir leben und gedeihen
vom alten bis zum neuen

durch so viel Angst und Plagen,
durch Zittern und durch Zagen,
durch Krieg und große Schrecken,
die alle Welt bedecken.

Ach, Hüter unsres Lebens,
fürwahr, es ist vergebens
mit unserm Tun und Machen,
wo nicht dein' Augen wachen.

Gelobt sei deine Treue,
die alle Morgen neue.
Lob sei den starken Händen,
die alles Herzleid wenden.

(Paul Gerhardt)

Der du die Zeit in Händen hast,
Herr, nimm auch dieses Jahres Last
und wandle sie in Segen.
Nun von dir selbst in Jesus Christ
die Mitte fest gewiesen ist,
führ uns dem Ziel entgegen.

Der du allein der Ewge heißt
und Anfang, Ziel und Mitte weißt
im Fluge unserer Zeiten:
bleib du uns gnädig zugewandt
und führe uns an deiner Hand,
damit wir sicher schreiten.

(Jochen Klepper)

Barmherziger, ewiger Gott,
du hast deinen eigenen Sohn nicht verschont,
sondern ihn für uns alle dahingegeben,
daß er unsere Sünde am Kreuz tragen sollte.
Verleihe uns, daß unser Herz in solchem Glauben
nimmermehr erschrecke noch verzage.
Durch ihn, deinen Sohn Jesus Christus.

(Martin Luther)

Gott,
du hast deinen Sohn in die Welt gesandt
mit der Gewißheit, daß er leiden werde.
Er hat seine Sendung ausgeführt bis ans Ende.
Und so ist er für uns eine Quelle des Lebens
und der Freude geworden.
Wir bitten dich: Vollende unsere Freude
und laß sichtbar werden, daß er lebt –
hier in unserer Mitte und überall auf Erden.

(Huub Oosterhuis)

Herr Jesus Christus,
du warst gehorsam bis zum Tode,
ja zum Tode am Kreuz.
Du sprichst: Wer mir nachfolgen will,
der verleugne sich selbst
und nehme sein Kreuz auf sich
und folge mir nach.
Hier sind wir, Herr.
Laß uns mit dir sterben,
auf daß wir mit dir leben.

(Karl Bernhard Ritter)

Mein Gott, mein Gott,
warum hast du mich verlassen?
Ich schreie, aber meine Hilfe ist ferne.
Mein Gott, des Tages rufe ich, doch antwortest du nicht,
und des Nachts, doch finde ich keine Ruhe.
Du aber bist heilig,
der du thronst über den Lobgesängen Israels.
Unsere Väter hofften auf dich;
und da sie hofften, halfst du ihnen heraus.
Zu dir schrien sie und wurden errettet,
sie hofften auf dich und wurden nicht zuschanden.
Ich aber bin ein Wurm und kein Mensch,
ein Spott der Leute und verachtet vom Volke.
Alle, die mich sehen, verspotten mich,
sperren das Maul auf und schütteln den Kopf:
Er klage es dem Herrn, der helfe ihm heraus
und rette ihn, hat er Gefallen an ihm.
Du hast mich aus meiner Mutter Leibe gezogen;
du ließest mich geborgen sein
an der Brust meiner Mutter.
Auf dich bin ich geworfen von Mutterleib an,
du bist mein Gott von meiner Mutter Schoß an.
Sei nicht ferne von mir, denn Angst ist nahe;
denn es ist hier kein Helfer...
Aber du, Herr, sei nicht ferne;
meine Stärke, eile, mir zu helfen!

Rühmet den Herrn, die ihr ihn fürchtet;
ehret ihn, ihr alle vom Hause Jakob,
und vor ihm scheuet euch,
ihr alle vom Hause Israel!
Denn er hat nicht verachtet noch verschmäht
das Elend des Armen
und sein Antlitz vor ihm nicht verborgen;
und als er zu ihm schrie, hörte er's.

(Aus Psalm 22)

Gott, du bist den Leidenden nah,
du bist den Weg des Leidens zu Ende gegangen,
durch den Tod hindurch zum Leben.
Wir fürchten um unser Leben,
wenn wir hören und sehen,
was Menschen aushalten müssen,
was ihnen zugemutet wird.
Wir erschrecken und hoffen, daß es uns nicht trifft.
Wir möchten glauben, daß du auch dann bei uns bist,
wenn wir Angst haben, wenn wir Schmerzen haben,
wenn wir mit uns nicht zurecht kommen.
Wir bitten dich für die Menschen,
die den Tod auf sich zukommen sehen:
Laß ihre Hoffnung wachsen
und ihre Angst kleiner werden.
Wir beten für die Menschen, die in Ungewißheit leben,
die sich von Spannungen wie zerrissen fühlen:
Gib ihnen deinen Frieden, der alle Vernunft übersteigt.
Wir rufen dich an für die Verbitterten,
denen über ihrem Schicksal der Glaube zerbrochen ist:
Gib ihnen Menschen, durch die sie deine Liebe erfahren
wie ein Licht in ihrer Finsternis.
Wir bitten dich für die, denen ihr Leben sinnlos erscheint,
die es wegwerfen möchten:
Tritt ihnen in den Weg,
laß sie begreifen,
daß sie für andere eine Hilfe sein können.
Gott, wir bitten dich für uns alle:
Wenn wir nicht wissen, warum dieses Unglück,
warum diese Krankheit, warum dieser Tod,
dann laß diese Fragen uns nicht von dir trennen.
Hilf uns glauben: Deine Liebe führt uns auch Wege,
die wir nicht verstehen,
durch den Tod hindurch zum Leben.

(Dietrich Stollberg)

O Haupt voll Blut und Wunden,
voll Schmerz und voller Hohn,
o Haupt, zum Spott gebunden
mit einer Dornenkron,
o Haupt, sonst schön gekrönet
mit höchster Ehr und Zier,
jetzt aber frech verhöhnet,
gegrüßest seist du mir.

Nun, was du, Herr, erduldet,
ist alles meine Last;
ich hab es selbst verschuldet,
was du getragen hast.
Schau her, hier steh ich Armer,
der Zorn verdienet hat.
Gib mir, o mein Erbarmer,
den Anblick deiner Gnad.

(Arnulf von Löwen / Paul Gerhardt)

Liebe, zieh uns in dein Sterben;
laß mit dir gekreuzigt sein,
was dein Reich nicht kann ererben;
führ ins Paradies uns ein.
Doch wohlan, du wirst nicht säumen,
laß uns nur nicht lässig sein;
werden wir doch als wie träumen,
wenn die Freiheit bricht herein.

(Gottfried Arnold)

Wir danken dir, Herr Jesu Christ,
daß du für uns gestorben bist
und hast uns durch dein teures Blut
gemacht vor Gott gerecht und gut.

(Christoph Fischer)

Was hast du getan, Herr Jesus,
du über alles geliebter Sohn Gottes,
daß du so verurteilt wirst?
Was hast du verdient,
daß du so kläglich behandelt wirst?
Was ist die Ursache deines Todes?

Ich, ich bin die Ursache deines Leidens,
von mir kommt die Schuld deines Todes.
Herr Jesus, daß du stirbst, habe ich verdient,
die Arbeit deiner Schmerzen habe ich dir gemacht.

O mein Heiland, was ist das
für ein wunderliches Urteil,
für ein unaussprechliches Geheimnis:
Der Ungerechte sündigt,
und der Unschuldige wird geschlagen.
Der Gottlose hat Übles angerichtet
und der Heilige muß das Urteil tragen.
Was der Böse verschuldet hat,
das muß der Fromme leiden.
Was der Mensch verbrochen hat,
das muß Gott tragen.

O ewiger Sohn Gottes,
wie groß ist deine Demut,
wie brennend ist deine Liebe,
wie reich ist deine Gnade,
wie herzlich ist dein Mitleiden!

Ich habe gesündigt,
du aber trägst die Strafe.
Ich bin hochmütig gewesen,
du aber wirst gedemütigt.
Ich habe genossen, was süß und lieblich ist,
du aber schmeckst, was herb und bitter ist.

Ich bin ungehorsam gewesen,
du aber hast durch deinen Gehorsam
die Schuld meines Ungehorsams gebüßt.

Sieh, o Jesus, mein Heiland:
Hier ist meine Missetat,
da aber leuchtet deine Gnade.
Hier ist meine Ungerechtigkeit,
da aber glänzt deine Gerechtigkeit!

Mein Herr und mein Gott,
wie soll ich dir vergelten alle deine Wohltat,
die du an mir tust?
Hilf mir,
daß ich dich mit festem Glauben lobe und preise,
hier zeitlich und dort ewiglich.

(Anselm von Canterbury)

Christus, unser Opfer,
dessen Schönheit entstellt wurde
und dessen Leib ans Kreuz geschlagen wurde:
Öffne deine Arme weit,
um unsere gequälte Welt zu umarmen,
damit wir unseren Blick nicht abwenden
und uns deiner Gnade überlassen.

(Janet Morley)

Ostern

Allmächtiger Gott,
du hast Jesus, den Gekreuzigten
auferweckt von den Toten.
Wir bitten dich:
Wecke uns aus dem Schlaf der Gedankenlosigkeit
und aus den Träumen der Angst,
daß wir Zeugen deiner Herrlichkeit werden
in der Kraft des Heiligen Geistes.

In dein Licht hast du uns gerufen, Herr,
und doch sind wir noch in der Finsternis.
Wir sind noch nicht, was wir werden sollen.
Aber schon weckst du uns auf aus dem Reich des Todes,
schon empfangen wir Kraft zum Leben,
schon muß die Finsternis weichen.
Gib, daß wir bleiben und wachsen in deinem Licht.

(Walter Lotz)

Auferstandener Christus,
dessen Abwesenheit uns gelähmt zurückläßt
und dessen Gegenwart uns überwältigt:
Hauche uns an
mit deinem überfließenden Leben,
daß wir dort, wo wir nichts sehen,
den Mut haben zu glauben,
und auferstehen mit dir.

(Janet Morley)

Er, der in göttlicher Gestalt war,
hielt es nicht für einen Raub, Gott gleich zu sein,
sondern entäußerte sich selbst
  und nahm Knechtsgestalt an,
ward den Menschen gleich
  und der Erscheinung nach als Mensch erkannt.
Er erniedrigte sich selbst
  und ward gehorsam bis zum Tode,
  ja zum Tode am Kreuz.
Darum hat ihn auch Gott erhöht
  und hat ihm den Namen gegeben,
  der über allen Namen ist.
Daß in dem Namen Jesu sich beugen sollen
aller derer Knie,
  die im Himmel und auf Erden
  und unter der Erde sind,
und alle Zungen bekennen sollen,
  daß Christus der Herr ist,
  zur Ehre Gottes, des Vaters.

(Aus Philipper 2)

Jesus Christus herrscht als König,
alles wird ihm untertänig,
alles legt ihm Gott zu Fuß,
aller Zunge soll bekennen,
Jesus sei der Herr zu nennen,
dem man Ehre geben muß.

Jesus Christus ist der Eine,
der gegründet die Gemeine,
die ihn ehrt als teures Haupt.
Er hat sie mit Blut erkaufet,
mit dem Geiste sie getaufet,
und sie lebet, weil sie glaubt.

(Philipp Friedrich Hiller)

Jesus, Sohn Gottes, öffne uns die Augen,
daß wir dich sehen:
ein helles Licht in unserem grauen Alltag,
im Dunkel unserer Angst,
auch noch in der Nacht unseres Todes.

Dir bringen wir unsere offenen Fragen,
unsere ungelösten Probleme,
unsere verwirrten Beziehungen:
Gib uns Ausdauer, Gelassenheit,
unbeirrbare Hoffnung.

Dir bringen wir unsere Nächsten,
unsere Angehörigen und Freunde;
auch unsere Feinde,
alle, die wir nicht leiden können,
die es uns schwermachen:
Hilf uns lieben, wie du geliebt hast,
ohne Vorbehalt.

Dir bringen wir die Menschen, die leiden:
die Überforderten mit ihrer Angst,
die Enttäuschten mit ihren Tränen,
die Kranken mit ihren Schmerzen,
die Armen mit ihrem Hunger,
die Unterdrückten mit ihrem Stöhnen,
die Verzweifelten mit ihrem Schweigen:
Zeige uns Wege, ihr Leid zu mindern.

Dir bringen wir unseren Glauben,
gemeinsam mit allen, die dich suchen
und nach dir fragen,
auch mit allen, die dich nicht kennen,
noch nicht oder nicht mehr:

Gib uns Gewißheit,
laß uns einst schauen, was wir jetzt glauben.

Jesus, Sohn Gottes und Bruder aller Menschen,
wir hören dein Wort –
gib, daß wir uns daran halten,
jetzt und in der Stunde unseres Todes;
wir empfangen deine Gaben –
gib, daß wir von ihnen leben,
für dich und den Vater,
in der Kraft des Heiligen Geistes.

Jesus Christus,
mit dir will ich aufstehen
gegen Not und Tod,
gegen Folter und Leiden,
gegen Armut und Elend,
gegen Haß und Terror,
gegen Zweifel und Resignation,
gegen Unterdrückung und Zwang.
Mit dir will ich aufstehen
gegen alles, was das Leben hindert.
Mit dir will ich einstehen
für alles, was das Leben fördert.
Sei du mit mir,
damit ich aufstehe mit dir.

(Anton Rotzetter)

Christ ist erstanden
von der Marter alle;
des soll'n wir alle froh sein,
Christ will unser Trost sein.
Kyrieleis.

Wär er nicht erstanden,
so wär die Welt vergangen,
seit daß er erstanden ist,
so loben wir den Vater Jesu Christ.
Kyrieleis.

(Mittelalterlich)

Wie tief Kreuz, Trübsal oder Pein:
mein Heiland greift allmächtig drein,
führt mich heraus mit seiner Hand.
Wer mich will halten, wird zuschand'.

Lebt Christus, was bin ich betrübt?
Ich weiß, daß er mich herzlich liebt;
wenn mir gleich alle Welt stürb ab;
gnug, daß ich Christus bei mir hab.

Mein Herz darf nicht entsetzen sich,
Gott und die Engel lieben mich;
die Freude, die mir ist bereit',
vertreibet Furcht und Traurigkeit.

(Johann Heermann)

Himmelfahrt

Allmächtiger Gott,
du hast deinen Sohn zu dir erhöht,
wir bitten dich:
Wirke in uns den Glauben,
der die Welt überwindet.
Durch ihn, unseren Herrn Jesu Christus,
der mit dir und dem Heiligen Geist
lebt und regiert von Ewigkeit zu Ewigkeit.

O Gott,
du entziehst dich unseren Augen,
damit du durch unsere Liebe
erkannt werden kannst,
hilf uns, in die Wolke einzudringen,
in der du dich verbirgst,
und unterwirf all unsere Sicherheit
der Dunkelheit des Glaubens
an Jesus Christus.

(Janet Morley)

Christ fuhr gen Himmel.
Was sandt er uns hernieder?
Den Tröster, den Heiligen Geist,
zu Trost der ganzen Christenheit.
Kyrieleis.

(Mittelalterlich)

Pfingsten

Komm, Heiliger Geist,
der du im Glück die Seele bewahrst
und in der Not der Beistand bist,
der du von Missetaten reinigst
und Wunden heilst.
Komm, du Lehrer der Demütigen
und Richter der Hoffärtigen.
Komm, du Hoffnung der Armen,
du Kraft der Müden.
Komm, du Stern auf dem Meer,
du Hafen im Schiffbruch.
Komm, aller Lebendigen herrlichster Schmuck,
aller Sterbenden einziger Hort.
Komm, Heiliger Geist, und erbarme dich unser,
bereite uns und laß dich in Gnaden zu uns herab.
Deiner Größe gefalle unsere Niedrigkeit,
und deiner Stärke unsere Schwachheit
nach dem Reichtum deines Erbarmens.

(Anselm von Canterbury)

Heiliger Geist,
gewaltiger Sturm Gottes,
bewohne unser Dunkel,
überschatte unseren Abgrund
und sprich in unser Chaos,
damit wir durch deine Lebendigkeit atmen
und an deiner Schöpfung teilhaben können
in der Kraft Jesu Christi.

(Janet Morley)

Laßt uns bitten um den Heiligen Geist,
durch den alles neu wird:
die Erde und wir selbst.

Es gibt viel Traurigkeit in der Welt
und viele Menschen, die weinen:
Wir bitten um den Geist der Freude.

Es gibt viel Sehnsucht in der Welt
und viele Menschen, die nur an sich denken:
Wir bitten um den Geist der Brüderlichkeit.

Es gibt viel Lüge in der Welt
und viele Menschen, die sich verstellen,
andere verdächtigen und verleumden:
Wir bitten um den Geist der Wahrheit.

Es gibt viel Haß auf der Welt
und viele Menschen, die miteinander streiten:
Wir bitten um den Geist des Friedens.

Es gibt viel Angst in der Welt
und viele Menschen, die keinen Mut mehr haben:
Wir bitten um den Geist der Hoffnung.

Es gibt viel Verwirrung in der Welt
und viele Menschen, die sich nicht mehr zurechtfinden:
Wir bitten um den Geist des Vertrauens.

(Kurt Rommel / Martin Schmeißer)

Jesus, Sohn Gottes,
wir sollen deine Zeugen sein,
aber wir sind es oft nicht.
Mach dein Wort an uns wahr
und wecke Glauben in uns,
daß wir dich bekennen
in der Kraft des Heiligen Geistes.

Der Herr ist mein Licht und mein Heil;
vor wem sollte ich mich fürchten?
Der Herr ist meines Lebens Kraft,
vor wem sollte mir grauen?
Wenn die Übeltäter an mich wollen,
um mich zu verschlingen,
meine Widersacher und Feinde,
sollen sie selber straucheln und fallen.
Wenn sich auch ein Heer wider mich lagert,
so fürchtet sich dennoch mein Herz nicht;
wenn sich Krieg wider mich erhebt,
so verlasse ich mich auf ihn.
Eines bitte ich vom Herrn, das hätte ich gerne:
daß ich im Hause des Herrn bleiben könne
mein Leben lang,
zu schauen die schönen Gottesdienste des Herrn
und seinen Tempel zu betrachten.
Denn er deckt mich in seiner Hütte zur bösen Zeit,
er birgt mich im Schutz seines Zeltes
und erhöht mich auf einen Felsen.
Und nun erhebt sich mein Haupt
über meine Feinde, die um mich her sind;
darum will ich Lob opfern in seinem Zelt,
ich will singen und Lob sagen dem Herrn.
Herr, höre meine Stimme, wenn ich rufe;
sei mir gnädig und erhöre mich!
Mein Herz hält dir vor dein Wort:
»Ihr sollt mein Antlitz suchen.«
Darum suche ich auch, Herr, dein Antlitz.
Denn du bist meine Hilfe; verlaß mich nicht
und tu die Hand nicht von mir ab, Gott, mein Heil!

(Aus Psalm 27)

Gott,
du hast uns verschiedene Gaben geschenkt.
Keinem gabst du alles – und keinem nichts.
Jedem gibst du einen Teil.
Hilf uns,
daß wir uns nicht zerstreiten,
sondern einander dienen mit dem,
was du einem jeden zum Nutzen aller gibst.
Darum bitten wir durch Jesus Christus.

(Meßbuch)

Komm, Heiliger Geist,
erfüll die Herzen deiner Gläubigen
und entzünd in ihnen
das Feuer deiner göttlichen Liebe,
der du in Mannigfaltigkeit der Zungen
die Völker der ganzen Welt versammelt hast
in Einigkeit des Glaubens.
Halleluja.

(Mittelalterlich)

O komm, du Geist der Wahrheit
und kehre bei uns ein,
verbreite Licht und Klarheit,
verbanne Trug und Schein.
Gieß aus dein heilig Feuer,
rühr Herz und Lippen an,
daß jeglicher getreuer
den Herrn bekennen kann.

(Philipp Spitta)

Trinitatis

Wir loben und preisen dich,
Gott, den allmächtigen Vater.
Du hast uns und alle Welt ins Leben gerufen
und waltest über uns mit deiner Güte und Treue.

Wir loben und preisen dich,
unseren Herrn Jesus Christus.
Du bist das ewige Wort des Vaters
und hast uns seine Liebe offenbart.
Du hast unser Menschenlos getragen
und unsere Schuld auf dich genommen.
Du bist am Kreuz für uns gestorben.
Von den Toten auferweckt,
bist du uns nahe mit deinem Trost
und rettest uns im Gericht.

Wir loben und preisen dich,
den Heiligen Geist.
Du hast uns durch die Taufe zum Glauben gerufen
und erleuchtest uns durch die Predigt des Evangeliums.
Du stärkst uns in der Liebe
durch die Feier des heiligen Mahles
und gibst uns eine Hoffnung,
die auch der Tod nicht zerstört.
Aus allem, was Menschen trennen kann,
sammelst du uns in der einen heiligen Kirche
zum Dienst in dieser Welt
und willst uns vollenden in deinem ewigen Reich.

Dir, unserem Gott, sei Ehre in Ewigkeit.

(Walter Lotz)

Du,
Gott im Himmel oben,
Unbegreiflicher, Ferner,
Vater,
wir beten dich an.

Du,
Gott auf der Erde unten,
Begreiflicher, Naher,
Jesus,
wir lieben dich.

Du, Gott in uns,
Begriffener, Begeisternder,
Geist,
wir bezeugen dich.

(Anton Rotzetter)

Sei Lob und Preis mit Ehren
Gott Vater, Sohn, Heiligem Geist!
Der wolle in uns mehren,
was er aus Gnaden uns verheißt,
daß wir ihm fest vertrauen,
uns gründen ganz auf ihn,
von Herzen auf ihn bauen,
daß unser Mut und Sinn
ihm allezeit anhangen.
Drauf singen wir zur Stund:
Amen, wir werdn's erlangen,
glaubn wir von Herzensgrund.

(Aus Königsberg)

Johannes der Täufer

Allmächtiger Gott, barmherziger Vater,
du hast uns wieder auf die Höhe des Jahres geführt
und gibst der Erde Wachstum
durch die Kraft der Sonne.
Wir danken dir, daß du uns durch Johannes den Täufer
hinweist auf Christus,
das Licht, das alle Menschen erleuchtet.
Hilf uns, in allem Vergehen der Welt
an ihre Verwandlung zu glauben,
wie Johannes sie angekündigt hat
und Jesus Christus sie vollenden wird.
Wir bitten dich für deine Kirche auf Erden:
Segne ihren Dienst in dieser Zeit,
daß sie nicht für sich selber Ehre suche,
sondern durch ihr Zeugnis Christus verherrliche.
Wenn jetzt die Bahn der Sonne
sich wieder abwärts neigt
und die Tage abnehmen,
so laß uns dessen gedenken,
daß alles Leben auf dieser Erde abnehmen muß,
damit aufgehe der ewige Tag,
an dem wir schauen die Sonne der zukünftigen Welt:
Jesus Christus, unseren Herrn.
Ihm sei Ehre, Preis und Anbetung in Ewigkeit.

(Lutherische Agende)

Wir danken dir, Herr Jesu Christ,
des Vorläufer Johannes ist;
hilf, daß wir folgen seiner Lehr,
so tun wir dir die rechte Ehr.

(Nikolaus Herman)

Apostel und Evangelisten

Allmächtiger Gott, du hast die Kirche
auf das Zeugnis der Apostel und Evangelisten
gegründet.
Erhalte uns in der Erkenntnis der Wahrheit
und laß uns darin wachsen,
daß wir deine Gnade verkündigen
an Kinder und Kindeskinder.
Durch unseren Herrn Jesus Christus, deinen Sohn,
der mit dir und dem Heiligen Geist lebt und regiert
von Ewigkeit zu Ewigkeit.

(Reformatorisch)

Höre nicht auf, Herr, unser Gott,
uns und aller Welt
mit deinem guten Wort zuzusetzen,
daß der Glaube sich herumspreche bei allen Menschen
und die Kraft deiner Barmherzigkeit sich durchsetze,
wo Bedrückte verzweifeln
und Unterdrückte den Mut verlieren,
wo die Mächtigen sich vergessen
und die Ohnmächtigen vergessen werden,
wo nach Leben geschrien und um Gnade gebettelt wird.
Und wenn wir am Ende sind,
dann bleib du unser Anfang und unsere Zuflucht.

(Eberhard Jüngel)

Wach auf, du Geist der ersten Zeugen,
die auf der Maur als treue Wächter stehn,
die Tag' und Nächte nimmer schweigen
und die getrost dem Feind entgegengehn,
ja deren Schall die ganze Welt durchdringt
und aller Völker Scharen zu dir bringt.

(Karl Heinrich von Bogatzky)

Maria

Gott, unser Vater, wir loben und preisen dich,
daß du Maria erwählt hast
und dein Sohn unser Bruder geworden ist.
Wir beten an die Macht der Liebe,
die sich in Jesus offenbart.
Wir bitten auch: Gib uns deinen Geist,
daß wir uns deiner Macht und Gnade allezeit trösten.

Jesus, Sohn Gottes, Menschensohn,
in Maria, deiner Mutter,
erkennen wir uns selbst:
arm, wie wir sind,
und reich durch deine Gnade.

Sie hat dich zur Welt gebracht
in einem Stall in Bethlehem,
nach einem langen, mühsamen Weg.
Auch durch uns
willst du zur Welt kommen.

Sie hat dich aufgezogen,
in Liebe für dich gesorgt
und den Glauben in dir geweckt.
Auch uns ist das aufgegeben,
nicht nur an unseren Kindern.

Sie mußte dich, als die Zeit reif war,
den eigenen Weg gehen lassen,
auch wenn ihr das schwer fiel.
Wem fällt das nicht schwer –
gleich, um wen es geht!

Sie hat dich sterben sehen.
»Siehe, das ist dein Sohn«, hast du zu ihr gesagt
und »Siehe, das ist deine Mutter« zu Johannes.
Hilf auch uns, einander zu helfen,
wenn der Tod seine Macht erweist.

Sie wartete mit den Jüngern
auf den Heiligen Geist,
den du uns allen verheißen hast,
daß er uns tröste
und in alle Wahrheit leite.

»Selig sind,
die das Wort Gottes hören und bewahren«:
Mit dieser Verheißung
hast du uns deiner Mutter gleichgestellt.
Mit ihr danken wir dir für dein Erbarmen
und singen dein Lob.

Gelobet seist du, Jesu Christ,
daß du Mensch geboren bist
von einer Jungfrau, das ist wahr,
des freutet sich der Engel Schar.

Den aller Welt Kreis nie beschloß,
der liegt in Marien Schoß,
er ist ein Kindlein worden klein,
der alle Ding erhält allein.

(Mittelalterlich / Martin Luther)

Engel

Herr Gott, himmlischer Vater,
du sendest deine himmlischen Heerscharen
in den Kampf gegen die Mächte der Finsternis
und behütest uns durch deine heiligen Engel
in allen Gefahren.
Wir trauen auf dich;
du wirst uns nicht dem Tode lassen
und den Gewalten des Abgrundes,
die Leib und Seele verderben.
Wir bitten dich, Herr:
Lenke unsere Herzen durch deinen Geist,
daß wir allezeit auf die Stimme deiner Boten hören,
in deiner Furcht bleiben,
nichts wider deinen Willen tun
und uns in aller Not deiner Obhut trösten.
Hilf, daß durch deinen Schutz nichts uns schaden
und der Versucher keine Macht über uns gewinnen kann.
Erlöse uns aus diesem zeitlichen Leben,
und erfülle an uns deine Verheißung,
daß wir zum ewigen Leben gelangen
und, vereint mit den himmlischen Heerscharen,
in Kraft und Herrlichkeit vollenden,
was wir hier in Schwachheit beginnen,
zu singen das Lied des Sieges
und deine Herrlichkeit zu loben
und anzubeten in vollkommener Freude.

(Karl Bernhard Ritter)

Deine guten Mächte sendest du, Gott,
und wir nehmen es kaum wahr.
Deine Nähe laß uns spüren,
wenn wir einander begleiten;
mach uns füreinander zu Boten deiner Liebe.

(Reinhold Kalden)

Heilige

Wir danken dir, Herr,
für die unabsehbare Schar der Zeugen,
die Glauben gehalten
und durch deine Kraft den Sieg erstritten haben.
Wir bitten dich: Verleihe uns,
daß ihr Gedächtnis unter uns lebendig bleibe
und uns stärke auf unserem Weg.

(Karl Bernhard Ritter)

Herr, unser Gott,
du hast uns aufgenommen
in die Gemeinschaft der Heiligen,
die zu allen Zeiten und an allen Orten
deinen Namen verherrlichen.
Laß uns dankbar erkennen,
daß wir in einer langen Kette von Glaubenden stehen,
verbunden im Bekenntnis zu dir
und in der Freude,
daß wir dich schauen werden
von Angesicht zu Angesicht.

(Helge Adolphsen)

Wo ist der Freuden Ort?
Nirgends mehr denn dort,
da die Engel singen
mit den Heilgen all
und die Psalmen klingen
im hohen Himmelssaal.
Eia, wärn wir da!

(Mittelalterlich)

Erntedankfest

Gott, guter Vater,
du gewährst uns Gutes im Überfluß
und behütest uns allezeit vor dem Bösen.
Wir bitten dich:
Gib, daß wir deine Güte Tag für Tag erkennen
und zu Herzen nehmen
und deiner Barmherzigkeit danken,
solange wir leben.

(Martin Luther)

Ich glaube, daß mich Gott geschaffen hat
samt allen Kreaturen,
mir Leib und Seele,
Augen, Ohren und alle Glieder,
Vernunft und alle Sinne
gegeben hat und noch erhält;
dazu Kleider und Schuh,
Essen und Trinken,
Haus und Hof,
Acker, Vieh und alle Güter;
mit allem, was not tut für Leib und Leben,
mich reichlich und täglich versorgt,
in allen Gefahren beschirmt
und vor allem Übel behütet und bewahrt;
und das alles aus lauter väterlicher,
göttlicher Güte und Barmherzigkeit,
ohn all mein Verdienst und Würdigkeit:
für all das ich ihm zu danken und zu loben
und dafür zu dienen und gehorsam zu sein
schuldig bin.
Das ist gewißlich wahr.

(Martin Luther)

Ich sehe dich in tausend Bildern,
Maria, lieblich ausgedrückt,
Doch keins von allen kann dich
schildern,
Wie meine Seele dich erblickt.

Novalis

Mutter der Solidarnosc-Hoffenden,
bitte für uns!
Mutter der Betrogenen, Mutter der
Verratenen,
Mutter der in der Nacht
Gefangengenommen,
Mutter der Erschrockenen,
Mutter der erschossenen Bergleute,
Mutter der Werftarbeiter,
Mutter der Verhörten,
Mutter der unschuldig Verurteilten...
Mutter der dafür Mißachteten, daß sie das
Zeichen mit deinem heiligen Antlitz
tragen,
Mutter derer, denen die Arbeit entzogen
worden ist...
Mutter der weinenden Mütter,
Mutter der sich sorgenden Väter,
bitte für uns.

Jerzy Popieluszko,

Gott, unser Vater, wir danken dir.
Das Weltall, die Erde,
Pflanzen, Tiere und Menschen
hast du werden lassen.
Du willst sie auch bewahren.
Durch Sommer und Winter, Saat und Ernte
erhältst du uns am Leben.

Jesus, Sohn Gottes, wir danken dir.
Du kommst zu uns in deinem Wort,
du kommst zu uns in deinem Mahl.
Brot und Wein,
Frucht der Erde und menschlicher Arbeit,
hast du zu Zeichen der Liebe Gottes gemacht.

Heiliger Geist, wir danken dir,
Du bist das Leben in allem, was lebt.
Du läßt in uns den Glauben erblühen
und Frucht bringen in der Liebe
zu Gott und seinen Geschöpfen.

Dreieiniger Gott,
wir bitten um deinen Segen
für alle Arbeit am täglichen Brot,
für alle Mühe um die Bewahrung der Schöpfung.
Wir bitten um deinen Segen
für unser Leben und Sterben.
Laß uns reifen
in beständigem Glauben und geduldiger Liebe,
bis wir mit allen Vollendeten
dich schauen in ewiger Freude.

(Winfried Müller)

Gott, unser Vater,
du bist unser Schöpfer
und läßt das Korn wachsen für unser Brot,
wir danken dir und beten dich an.
Jesus Christus, unser Herr,
du teilst das Brot aus, daß wir leben,
wir danken dir und beten dich an.
Heiliger Geist,
du gibst uns den Anstoß zum Teilen des Brotes
mit allen Menschen,
wir danken dir und beten dich an.
Dreieiniger Gott,
sei uns nahe
heute und in Ewigkeit.

(Lydia Laucht)

Gott, unser Schöpfer,
du hast uns als Teil der Erde erschaffen,
damit wir sie bewahren und Frucht hervorbringen.
Mögen wir alles, was Leben aus dir hat,
so hoch achten und schätzen,
daß wir an den Geburtswehen
der ganzen Schöpfung teilhaben,
um deine verborgene Herrlichkeit
ans Licht zu bringen
durch Jesus Christus.

(Janet Morley)

Was sind wir doch, was haben wir
auf dieser ganzen Erd,
das uns, o Vater, nicht von dir
allein gegeben werd?

(Paul Gerhardt)

Herr, du hast das Erdreich gegründet
auf festen Boden,
daß es bleibt immer und ewiglich...
Du lässest Wasser in den Tälern quellen,
daß sie zwischen den Bergen dahinfließen,
daß alle Tiere des Feldes trinken
und das Wild seinen Durst lösche.
Darüber sitzen die Vögel des Himmels
und singen unter den Zweigen.
Du feuchtest die Berge von oben her,
du machst das Land voll Früchte, die du schaffest.
Du lässest Gras wachsen für das Vieh
und Saat zu Nutz den Menschen,
daß du Brot aus der Erde hervorbringst,
daß der Wein erfreue des Menschen Herz...
Herr, wie sind deine Werke so groß und viel!
Du hast sie alle weise geordnet,
und die Erde ist voll deiner Güter...
Es warten alle auf dich,
daß du ihnen Speise gebest zur rechten Zeit.
Wenn du ihnen gibst, so sammeln sie;
wenn du deine Hand auftust, so werden sie
mit Gutem gesättigt.
Verbirgst du dein Angesicht, so erschrecken sie;
nimmst du weg ihren Odem, so vergehen sie,
und werden wieder Staub.
Du sendest aus deinen Odem, so werden sie geschaffen,
und du machst neu die Gestalt der Erde.
Die Herrlichkeit des Herrn bleibe ewiglich,
der Herr freue sich seiner Werke!...
Ich will dem Herrn singen mein Leben lang
und meinen Gott loben, solange ich bin.

(Aus Psalm 104)

Reformationsfest

Herr, unser Gott,
du hast dich deiner Kirche erbarmt
und dein Evangelium wieder ans Licht gebracht.
Leite unsere Herzen durch deinen Geist,
daß wir allein nach deinem Willen fragen,
deiner Gnade trauen
und auf den Trost des Evangeliums leben und sterben.
Durch unseren Herrn Jesus Christus, deinen Sohn,
der mit dir in der Einheit des Heiligen Geistes
lebt und herrscht von Ewigkeit zu Ewigkeit.

(Reformatorisch)

Erhalt uns, Herr, bei deinem Wort
und steure deiner Feinde Mord,
die Jesus Christus, deinen Sohn,
wollen stürzen von deinem Thron.

Beweis dein Macht, Herr Jesu Christ,
der du Herr aller Herren bist,
beschirm deine arme Christenheit,
daß sie dich lob in Ewigkeit.

Gott, Heilger Geist, du Tröster wert,
gib deim Volk ein'rlei Sinn auf Erd,
steh bei uns in der letzten Not,
g'leit uns ins Leben aus dem Tod!

(Martin Luther)

Ich glaube, daß Jesus Christus,
wahrhaftiger Gott,
vom Vater in Ewigkeit geboren
und auch wahrhaftiger Mensch,
von der Jungfrau Maria geboren,
sei mein Herr,
der mich verlorenen und verdammten Menschen
erlöst hat, erworben, gewonnen
von allen Sünden, vom Tode
und von der Gewalt des Teufels;
nicht mit Gold oder Silber,
sondern mit seinem heiligen, teuren Blut
und mit seinem unschuldigen Leiden und Sterben,
damit ich sein eigen sei
und in seinem Reich unter ihm lebe und ihm diene
in ewiger Gerechtigkeit, Unschuld und Seligkeit,
gleichwie er ist auferstanden vom Tode,
lebt und regiert in Ewigkeit.
Das ist gewißlich wahr.

(Martin Luther)

Christus,
lieber Herr und Meister,
du hast uns den rechten Sinn deines Wortes aufgetan.
Mehre und stärke unser Verständnis
und hilf dazu,
daß wir auch danach leben und tun.
Dir sei Lob und Dank
samt dem Vater und dem Heiligen Geist
in Ewigkeit.

(Martin Luther)

Bußtag

Wer bin ich, was sind wir, wo stehen wir?
Worin haben wir versagt?
Auf solche Fragen suchen wir Antwort.
Wir werden sie nicht finden ohne dich, Gott,
ohne dein richtendes und rettendes Wort.
Darum bitten wir dich:
Komm und sprich zu uns.
Hilf uns die Wahrheit erkennen und annehmen,
die Wahrheit unserer Schuld
und die Wahrheit deiner Gnade.
Wir bitten dich im Vertrauen auf Jesus Christus.

Aus tiefer Not schrei ich zu dir,
Herr Gott, erhör mein Rufen.
Dein gnädig Ohren kehr zu mir
und meiner Bitt sie öffne;
denn so du willst das sehen an,
was Sünd und Unrecht ist getan,
wer kann, Herr, vor dir bleiben?

Bei dir gilt nichts denn Gnad und Gunst,
die Sünde zu vergeben;
es ist doch unser Tun umsonst,
auch in dem besten Leben.
Vor dir niemand sich rühmen kann,
des muß dich fürchten jedermann
und deiner Gnade leben.

(Martin Luther)

Vor Gott, unserem Richter, und voreinander
bekennen wir uns schuldig des Unglaubens,
der Ungerechtigkeit und des Unfriedens,
im Kleinen und Großen.
Wir klagen uns an, daß wir nicht mutiger bekannt,
nicht treuer gebetet, nicht fröhlicher geglaubt
und nicht brennender geliebt haben.
Wir bitten Gott um Gnade,
um Vergebung unserer Schuld.
Wir hoffen zu Gott, daß er uns trotz unserem Versagen
noch dazu brauchen kann, sein Wort zu verkündigen
und seinem Willen Gehorsam zu schaffen,
bei uns selbst und bei unserem ganzen Volk.
Wir hoffen zu Gott,
daß durch den gemeinsamen Dienst der Kirchen
dem Geist der Gewalt und der Vergeltung,
der heute von neuem mächtig werden will,
in aller Welt gewehrt werde
und der Geist des Friedens und der Liebe
zur Herrschaft komme,
in dem allein die gequälte Schöpfung
Heilung finden kann.
Gemeinsam mit der ganzen Christenheit
bitten wir Gott um Erbarmen.

So spricht Gott, der Herr:
»Ich will meinen großen Namen,
den ihr unter den Völkern entheiligt habt,
wieder heilig machen.
Ich will euch ein neues Herz
und einen neuen Geist in euch geben.
Ihr sollt mein Volk sein,
und ich will euer Gott sein.«
Wir danken Gott mit allen,
die sich an sein Wort halten.

Totensonntag

Vater, wir danken dir.
Im Dunkel der Zukunft leuchtet dein Licht.
Gib, daß wir den Weg finden,
die Wahrheit erkennen und das Leben ergreifen
in deinem Sohn Jesus Christus,
der mit dir und dem Heiligen Geist
lebt und herrscht in Ewigkeit.

(Winfried Müller)

Jesus, Sohn Gottes,
du hast dem Tode die Macht genommen
und neues Leben ans Licht gebracht.
Wir warten auf den Tag, an dem wir schauen,
was wir jetzt glauben.
Aber die Zeit wird uns lang,
die Welt macht uns müde.
Unser Herz ist bedrückt von der Schuld
und dem Leiden der Menschen.
Wir wissen oft keine Antwort,
wenn man uns fragt
nach dem Grund unserer Hoffnung.
Wir sind schwach,
wenn es gilt, der Gewalt des Todes standzuhalten.
Wir kommen zu dir und bitten um Hilfe:
Gib uns Halt an deinem Wort,
gib uns Hoffnung, die sich durch nichts beirren läßt,
gib uns Kraft zur Liebe, die stärker ist als der Tod.
Dir vertrauen wir unsere Verstorbenen an:
Gib ihnen Ruhe für immer,
dein Licht leuchte ihnen.
In uns erhalte den Dank für alles,
was sie uns gewesen sind und was sie uns bleiben.

Herr, Gott,
was du in uns gesät hast,
das wirst du ernten,
wenn dein Tag gekommen ist,
und alles, was du begonnen hast,
hier in unserer Mitte,
du wirst es auch vollenden.
Das hoffen und erwarten wir
um Jesu willen,
des Menschensohnes,
den du vollendet hast,
der unsere Zukunft geworden ist
über alle Erwartung,
der in Frieden lebt bei dir,
heute und alle Tage.

(Huub Oosterhuis)

O Gott,
dessen Schönheit
unsere Vorstellungskraft übersteigt
und dessen Macht wir nicht begreifen können,
zeige uns deine Herrlichkeit,
so weit wir sie erfassen können,
und bewahre uns davor,
mehr wissen zu wollen, als wir ertragen,
bis wir dich ohne Furcht schauen können,
durch Jesus Christus.

(Janet Morley)

Hilf, Gott, allezeit; mach uns bereit
zur ewigen Freud und Seligkeit.

(Mittelalterlich)

Herr, du bist unsere Zuflucht
von Geschlecht zu Geschlecht.
Ehe denn die Berge wurden
und die Erde und die Welt geschaffen wurden,
bist du, Gott, von Ewigkeit zu Ewigkeit.
Der du die Menschen lässest sterben
und sprichst: Kommt wieder, Menschenkinder!
Denn tausend Jahre sind vor dir
wie der Tag, der gestern vergangen ist,
und wie eine Nachtwache.
Du lässest sie dahinfahren wie einen Strom,
sie sind wie ein Schlaf,
wie ein Gras, das am Morgen noch sproßt,
das am Morgen blüht und sproßt
und des Abends welkt und verdorrt.
Das macht dein Zorn, daß wir so vergehen,
und dein Grimm, daß wir so plötzlich dahin müssen.
Denn unsre Missetaten stellst du vor dich,
unsere unerkannte Sünde
ins Licht vor deinem Angesicht.
Darum fahren alle unsre Tage dahin durch deinen Zorn,
wir bringen unsere Jahre zu wie ein Geschwätz.
Unser Leben währt siebzig Jahre,
und wenn's hoch kommt, so sind's achtzig Jahre,
und was daran köstlich scheint,
ist doch nur vergebliche Mühe;
denn es fährt schnell dahin,
als flögen wir davon.
Wer glaubt's aber, daß du so sehr zürnest,
und wer fürchtet sich vor dir in deinem Grimm?
Lehre uns bedenken, daß wir sterben müssen,
auf daß wir klug werden.

(Aus Psalm 90)

Quellenverzeichnis

S. 97 *(Adolphsen)*: aus: Christian Knuth u. a. (Hg.), Höre uns, Herr! Neue Kollekten- und Kirchengebete für das ganze Kirchenjahr, Gütersloher Verlagshaus, Gütersloh 1982.

S. 92 *(Agende)*: aus: Agende für evangelisch-lutherische Kirchen und Gemeinden. Erster Band: Der Hauptgottesdienst, © Lutherisches Verlagshaus, Berlin 1955.

S. 17 *(Bonhoeffer)*: © Chr. Kaiser/Gütersloher Verlagshaus, Gütersloh.

S. 10, 14, 18 *(Ev. Michaelsbruderschaft)*: aus: Evangelisches Tagzeitenbuch. Ordnung für das tägliche Gebet. Hg. im Auftrag der Evangelischen Michaelsbruderschaft von Albert Mauder, 3. veränderte Auflage, Johannes Stauda Verlag, Kassel 1979, mit freundlicher Genehmigung des Lutherischen Verlagshauses, Hannover.

S. 14 *(Hammarskjöld)*: aus: Dag Hammarskjöld, Zeichen am Weg, übertragen und eingeleitet von Anton Graf Knyphausen, © Droemer-Knaur-Verlag, München 1965.

S. 93 *(Jüngel)*: abgedruckt mit freundlicher Genehmigung des Autors.

S. 70, 79, 80, 85, 86, 100, 107 *(Morley)*: aus: Janet Morley, Preisen will ich Gott, meine Geliebte. Psalmen und Gebete, Verlag Herder, Freiburg 1989.

S. 67 *(Leppin)*, S. 106 *(Müller)*: aus: Agende I, Ergänzungen, erarbeitet von der Liturgischen Kammer, hg. vom Landeskirchenamt, erweiterte Auflage, Kassel 1983.

S. 69, 70, 90 *(Lotz)*: aus: Agende I, Die sonntäglichen Gottesdienste, Evangelischer Presseverband Kurhessen-Waldeck, Kassel 1968.

S. 80 *(Lotz)*: aus: Evangelisches Hausbuch. Lesung und Gebet für alle Tage und besondere Zeiten, Johannes Stauda Verlag, Kassel 1968, mit freundlicher Genehmigung des Lutherischen Verlagshauses, Hannover.

S. 99 *(Müller)*, S. 100 *(Laucht)*: aus: Besondere Gottesdienste D: Gestaltungshilfen zum Erntedankfest. Erntedank-Schöpfungsdank, erarbeitet von der Liturgischen Kammer, hg. vom Landeskirchenamt, Kassel 1989.

S. 63, 72, 74, 107 *(Oosterhuis)*: aus: Huub Oosterhuis, Ganz nah ist dein Wort. Gebete, Verlag Kerle im Verlag Herder, A-Gerasdorf bei Wien.

S. 19 *(Quoist)*: aus: Michael Quoist, Herr, da bin ich. Gebete, © Verlag Styria, Graz 1960[15].

S. 10, 23, 47, 74, 96, 97 *(Ritter)*: aus: Karl Bernhard Ritter, Das tägliche Gebet, 3. erweiterte Auflage, Johannes Stauda Verlag, Kassel 1964, mit freundlicher Genehmigung des Lutherischen Verlagshauses, Hannover.

S. 87 *(Rommel / Schmeißer)*: aus: Kurt Rommel / Martin Schmeisser, Kinder- und Familiengottesdienst. Passion-Ostern-Pfingsten, Christophorus Verlag, Freiburg 2. Auflage 1975.

S. 12, 20, 23, 83, 91 *(Rotzetter)*: aus: Anton Rotzetter, Gott, der mich atmen läßt. Herderbücherei Bd. 8832, Verlag Herder, Freiburg Neuausgabe 3. Auflage 1996.

S. 76 *(Stollberg)*, S. 96 *(Kalden)*: aus: Agende I, Die Sonn- und Feiertage, erarbeitet von der Liturgischen Kammer, hg. vom Landeskirchenamt, Kassel 1985.

Die ohne Namensnennung abgedruckten Gebete stammen vom Herausgeber und sind zum Teil erstmals abgedruckt in: Christian Zippert (Hg.), Gottesdienstbuch. Gebete, Lesungen, Lieder für die Sonn- und Feiertage des Kirchenjahres, Gütersloher Verlagshaus, Gütersloh 1995[3].